'워킹홀리데이'보다 1000만 원 아끼는

오페어로 해외 1년 살아보기

양호연 지음

알에이치코리아

prologue

20대가 아니면 할 수 없는 일

"엄마, 나 회사 그만둬야 할 것 같아."
"왜 무슨 일 있어? 회사에서 그만 다니래?"

놀란 토끼 눈으로 나를 보던 엄마의 모습이 아직도 생생하다. 청년 실업 100만 시대, 좁은 취업 문을 뚫고 원하던 기자 일을 시작한 게 불과 2~3년 전이다. 수백 통의 이력서와 자기소개서를 찍어내다시피 하고, 면접용 정장을 유니폼처럼 입고 대기(!)하던 삶에서 벗어난 지 얼마나 됐다고, 회사를 그만두겠다는 딸이 엄마 눈에 곱게 보일 리 없었다. 친구들의 반응도 마찬가지였다.

"요즘 취업난이 얼마나 심한데, 너 배부른 소리 하니? 유학파가 넘치는 사회에 고작 1년 해외 다녀온다고 성공할 수 있을 것 같아?"

하지만 그때의 나는 이랬다. 회사 세면대에서 고양이 세수로 아침을 맞고, 매 끼니 김밥으로 연명하며 먹고 자는 기본 욕구 이외에는 아무 것도 생각할 수 없는……. 눈앞의 마감에 급급한 생활이 연속되자 '이게 내가 원하던 삶인가?'에 대한 의구심이 들기 시작했다. 정말 3·40대의 안정과 풍요를 위해 지금 누릴 수 있는 것을 포기해야 할까? 어른들 말처럼 이 모든 것을 감내해야 '성공'이라는 것에 다가갈 수 있을까?

결국 나는 20대라서 가능한 일에 1년을 걸어보기로 했다. 유럽으로 떠나기로 한 것이다. 그리고 확고한 신념으로 추진한 해외 1년 생활은 원하는 만큼의 만족을 가져왔다. 꿈꾸던 유럽을 스치듯 둘러보는 게 아닌, 오래 머물며 현지인의 시선으로 구석구석 여행한 일은 그때가 아니었다면 결코 하지 못했을 경험이다. 떠나기 전 그야말로 '생초보'였던 독일어 수준도 중급 실력으로 훌쩍 향상되었다.

돌이켜보면 해외 1년 삶의 목표를 '스펙'으로 잡았다면 마음이 조급했을 것 같다. 물론 목표를 향해 달려가는 청춘들에게 스펙은 포기할 수 없는 조건이지만 '스펙만을 향한 삶'은 여러모로 위험하다. 요즘 해외 연수에 실패했다고 한탄하는 젊은이들에게, 한정된 시간 안에 자신이 부족한 모든 것을 해결하려고 한 것은 아닌지 묻고 싶다. 독일에서 나는 지금이 아니면 해보지 못할 경험을 쌓는 데 집중했고, 행복했고, 만족했다.

이쯤에서 '에이~, 돈 있으면 누가 해외 못 나가?', '설마 외국어 기본은 있었겠지'하고 생각하는 이들에게 고한다. 난 화려한 스펙도, 타고난 배경도, 모아둔 돈도 없는, 가진 것 열정뿐인 청춘! 넉넉지 못한 자금에, 한국에서 어학원 세 달 다닌 게 독일어 실력의 전부였다는 충격 고백도 더한다. 그런데 어떻게 해외 생활이 가능했냐고? 무엇보다 오페어의 공이 컸다. 오페어가 아니었다면 돈 걱정 없이 유럽에 머물며 배낭여행까지 한 경험은 애초에 불가능했을지 모른다.

요사이 청춘을 칭하는 신조어를 듣자면 참 슬프다. '이태백(이십 대 태반이 백수)', '삼포세대(연애·결혼·출산을 포기한 젊은 세대)', '인구론(인문계 졸업생 구십 퍼센트가 논다)'…. 등록금에 치이고, 취업에 목마른 대학생들은 원하든, 원치 않든 간에 졸업 전 1~2년의 휴학 기간을 갖는 경우가 많다. 또 그토록 힘겨운 시간을 이기고 취업한다 해도 나처럼 끊임없는 갈등 끝에 그만 두는 경우도 생긴다. 경제적·정신적으로 안정되지 못한 삶 속에서 새로운 방안이 필요하고, 결국 워킹홀리데이를 돌파구로 삼아 해외 어학연수나 배낭여행을 꿈꾼다. 하지만 국내에서 일자리도, 숙소도 정하지 못한 채 무작정 떠나는 것은 여러모로 위험한 측면이 많다.

'오페어'는 내가 살 곳과 할 일을 경정하고 떠난다는 데에서 워킹홀리데이보다 큰 장점을 갖는다. '홈스테이'처럼 해외 가정에 머물며 현지 문화 깊숙이 스며들 수 있다는 것도 매력이다. 물론 아이를 돌보는 주 업무가 만만한 일은 아니지만, 합법적 경제 활동을 하면서 안전한 주거 생활이 보장되기에 20대에게 좋은 대안이 되리라 생각한다. 이 책을 통해 적은 비용으로 효율적 1년을 보낼 수 있는 오페어가 무엇인지 A부터 Z까지 알려주겠다. 유럽과 미국에서 활발하게 행해지는 오페어 제도를 국내 젊은이들은 너무 모르고 있는 것 같아 안타깝다.

단, 오해는 없었으면 한다. 이 책은 모든 오페어를 '성공'으로 이끈다고 장담하는 책이 아니다. 경험에 기반한 생생한 정보를 제공하여 선택의 폭을 넓히고 실패를 줄이자는 것이다. 지금부터 내 인생의 터닝포인트가 된, 1년간의 짧고도 긴 여정을 시작하고자 한다.

일러두기

이 책은 오페어로 1년간 독일에 체류한 저자의 경험을 토대로 작성되었다. 따라서 오페어 준비 과정과 현지 생활을 비롯해 오페어 계약서, 오페어 가계부 등이 독일, 혹은 유럽을 기준으로 하고 있다. 하지만 국가별로 각기 다른 오페어 제도의 특성과 절차, 오페어의 자격 조건 등에 대해서는 심층적인 자료 조사를 통해 객관적 정보를 싣고자 노력했다.
'주요 국가별 오페어 임금 · 근로시간 · 계약 조건'은 본문 p.32를 참고하면 된다.

Contents

prologue
20대가 아니면 할 수 없는 일 _ 2

Part 1
오페어 처음 알다

워킹홀리데이만 답일까? _ 12
워킹홀리데이 비자 규정 / 킬링홀리데이? 워킹호러데이?

오페어란 이런 것 _ 16
'홈스테이'와 '워홀'의 장점을 더하다 /
오페어의 자격 조건

오페어 vs 워킹홀리데이 전격 비교 _ 21
구직 가능성 / 안전 / 어학 공부와 여행 /
수입과 지출 : 워킹홀리데이 가계부 vs 오페어 가계부

어디로 떠나면 좋을까? _ 28
독일로 떠난 5가지 이유 /
주요 국가별 오페어 계약 조건 : 호주 / 오스트리아 / 벨기에 /
캐나다 / 덴마크 / 핀란드 / 프랑스 / 아일랜드 / 아이슬란드 /
이탈리아 / 룩셈부르크 / 네덜란드 / 뉴질랜드 / 노르웨이 / 스
페인 / 스웨덴 / 스위스 / 영국 / 미국

Part 2
오 페 어
준 비
A to Z

오페어 경험자를 찾아라 _ 40
'오페어 일기'를 쓴 블로거 / 불씨를 붙여준 쪽지 한 통

에이전시 중개 수수료의 함정 _ 44
"300만 원 내고 기다려요!" /
전 세계 네트워크, 믿어도 될까?

기초 어학 정복 첫걸음 _ 49
어학원 등록 먼저! / 단기 문법 기초 다지기 /
어학 실력 쌓는 '앱'

오페어 자기소개서 작성하기 _ 57
'영문 자소서'를 기본으로 / 독일 친구의 뜻밖의 도움
오페어 자기소개서(예시)

오페어 커뮤니티 사용설명서 _ 66
오페어-호스트 매칭 사이트 / 자기소개서 업로드하기

호스트 가족과 떨리는 인터뷰 _ 73
호스트 가족의 프로필 살피기 / 오페어 실전 인터뷰 /
인터뷰 단골 질문

오페어 계약서 꼼꼼히 뜯어보기 _ 84
표준 계약서를 따르고 있는가 / 내가 주고받은 오페어 계약서

생각보다 쉬운 비자 신청 _ 92
비자 신청 절차

항공권 구매를 위한 '꿀팁' _ 98
편도 항공권이냐, 왕복 항공권이냐 / 직항과 경유, 선택하기 /
어디서 구매할까? / 출국을 위한 준비물

Part 3
유럽 1년 현실이 되다

Welcome to Germany! _ 110
오페어 계약서로 입국 심사 통과! /
새로운 우리 집

오페어의 현지 생활 _ 120
취업 걱정 없는 안정적 스타트 /
육아와 자유시간, 균형 찾기

어느덧 '육아의 달인' _ 127
육아의 반은 '잘 먹이기' / 연령별 놀이법 /
질병·사고 대처법

어학원 선택 성공의 법칙 _ 134
한국 중개 어학원이 전부는 아니다 /
'현지 발품'이 넓힌 선택의 폭 /
오페어 할인 제도를 활용하라

어학원 밖 진짜 공부 _ 140
파트너와 언어를 교환하자 /
라디오·TV·음악을 내 곁에 / 시험·자격증을 공략하라

외국인 친구 사귀기 _ 145
'틀림'을 두려워 말라 / 내 친구를 소개합니다

오페어 고민상담소 _ 152
진솔하게 터놓는 오페어의 고민 /
다른 오페어들의 고민 해결법 /
위기 상황 대처 매뉴얼

Part 4 유럽 여행의 기술

오페어의 여행 캘린더 _ 162
유급휴가와 공휴일 활용하기 / 현지인 시선으로 여행하다

독일 근교 여행 _ 166
단기 여행을 위한 준비 / 축제 때 가면 일석이조 /
독일 여행지 TOP 3 : 베를린 / 퓌센·슈반가우 / 로텐부르크

유럽 12개국을 누비다 _ 190
장기 여행을 위한 준비 / 봄 유납 휴가, 유럽 7개국 여행 /
여름 유급 휴가, 유럽 2개국 여행 /
겨울 유급 휴가, 유럽 4개국 여행

알뜰 유럽 여행 노하우 _ 226
유레일 패스 사용설명서 / 버스 요금도 깎을 수 있다 /
기차·저가항공은 무조건 예약 / 카풀도 대안이다 /
호스텔을 선호하는 이유 / 호텔이 저렴할 때도 있다 /
요즘 뜨는 카우치서핑·에어비앤비

Special

유럽 여행 버킷리스트 _ 244
유럽 여행 최고의 맛 _ 250
유럽 여행 쇼핑리스트 _ 254
유럽 여행자 10가지 유형 _ 258
유럽 국가별 주요 공항 _ 260

epiloque
… 그럼에도, 오페어를 추천하는 이유 _ 268

au pair

Part 1

오페어

처음

알다

워킹홀리데이만 답일까?

　무작정 유럽으로 가야겠다고 생각한 후 가장 먼저 '현실적 방안'을 고민했다. 유럽에 1년간 머물 수 있는 비자는 무엇인지, 어디에서 뭘 하고 살 것인지, 경제적 문제는 어떻게 해결할 건지, 하나부터 열까지 포털사이트에 검색하고 서점과 도서관을 찾아 정보를 수집했다. 그리고 가장 쉽게 도달할 수 있는 결론이 워킹홀리데이였다. 이미 수많은 관련 뉴스를 접했고, 주변에 많은 친구들이 워킹홀리데이를 다녀온 터라 경험담을 익히 들을 수 있었다.
　역시 몇 번의 키워드 검색만으로도 수많은 정보를 얻을 수 있었다. 심지어 넘쳐나는 정보를 선별해 읽는 데만 꽤 많은 시간이 걸렸다. 각종 포털사이트 블로그나 페이스북, 트위터, 인스타그램 등 소셜네트워크서비스(SNS)에는 수많은 '워홀러'들이 다채로운 경험을 공유하고 있었다. 외교부에서는 별도의 홈페이지를 통해 워킹홀리데이 정보를 관리하고 있었다. 이를 통해 제도에 대한 개괄적인 설명은 물론 현지 생활에 필요한 실질적인 정보나, 문제에 따른 대안, 조언 등을 쉽게 얻을 수 있었다. 또 워킹홀리데이 준비를 돕는 에이전시와 유학원도 넘쳐나 마음만 먹으면 당장 떠나는 것도 가능했다.

| 워킹홀리데이
| 비자 규정

워킹홀리데이는 우리나라와 체결을 맺은 국가 및 지역에서 최장 1년 동안 체류하며 취업 등으로 합법적 경제 활동을 하고, 관광, 어학연수 등을 병행하여 현지의 언어와 문화를 접할 수 있게 허가하는 비자이다. 현재 우리나라와 체결을 맺은 국가는 캐나다, 호주, 일본, 뉴질랜드, 영국, 네덜란드, 프랑스, 이탈리아, 오스트리아, 독일, 홍콩, 대만 등 총 17개국*이다. 대상자는 만 18세부터 만 30세까지, 국가별로 모집 시기와 모집 인원, 거주 가능한 기간과 취업 제한 기간 등 조건이 다르다.

*이스라엘, 벨기에, 칠레는 발효 예정, 2015년 기준

워킹홀리데이 비자 규정

국가 및 지역	모집 시기	모집 인원	어학 연수	취업 제한 기간
호주	수시 접수	제한 없음	4개월	협정상 규정 없음 (한 고용주 하 6개월)
캐나다	연 2~3회	4,000명	6개월	협정상 규정 없음
뉴질랜드	연 1회	1,800명	6개월	협정상 규정 없음 (한 고용주 하 3개월)
일본	연 4회(1·4·7·10월)	10,000명	12개월	협정상 규정 없음
프랑스	수시 접수	2000명	12개월	협정상 규정 없음
독일	수시 접수	제한 없음	12개월	협정상 규정 없음
대만	수시 접수	400명	12개월	협정상 규정 없음
스웨덴	수시 접수	제한 없음	12개월	협정상 규정 없음
아일랜드	연 2회(상·하반기)	400명	6개월	협정상 규정 없음
덴마크	수시 접수	제한 없음	6개월	9개월
홍콩	수시 접수	500명	6개월	협정상 규정 없음 (한 고용주 하 6개월)
체코	수시 접수	300명	12개월	협정상 규정 없음
오스트리아	수시 접수	300명	6개월	협정상 규정 없음
영국(YMS)	3월 2일~6월 1일 (2015년 기준)	1000명	24개월	협정상 규정 없음
헝가리	수시 접수	100명	12개월	협정상 규정 없음
포르투갈	수시 접수	200명	12개월	협정상 규정 없음
네덜란드	수시 접수	100명	12개월	협정상 규정 없음
이탈리아	수시 접수	500명	12개월	한 고용주 하 6개월
이스라엘	발효 예정	200명	6개월	한 고용주 하 3개월
벨기에	발효 예정	200명	6개월	6개월
칠레	발효 예정	제한 없음		

* 워킹홀리데이 비자 체류 기간은 일반적으로 최대 1년임. 단, 오스트리아는 최대 6개월임.
* 호주(1년) 및 뉴질랜드(3개월)는 워킹홀리데이 비자 연장 신청이 가능함(특정 조건 만족 시).
* 영국은 YMS(청년 교류 제도) 비자로 최대 2년 동안 체류 가능함.
* 협정상 규정이 없는 경우에도 해당 국가 및 지역 법령에 따라 제한이 있을 수 있음.

| 킬링홀리데이?
| 워킹호러데이?

매년 약 4만 명의 젊은이들이 워킹홀리데이를 이용해 해외로 향하고 있다. 어떤 이는 대기업 취직을 위한 스펙 쌓기를 목적으로 떠나기도 하고, 어떤 이는 문법과 듣기 실력에 비해 떨어지는 회화 실력을 보완하기 위해 떠나기도 한다. 물론 나처럼 회사를 그만두고 새로운 세계를 보고, 폭넓은 경험을 하기 위해 떠나는 사람들도 있다. 목적은 각기 다르지만 역시 현지에서 생활비를 해결하며 경험을 쌓고 여행하는 수단으로 워킹홀리데이가 가장 일반적인 듯했다.

하지만 정보를 수집하면서 걱정되는 부분도 많았다. 기본적으로 워킹홀리데이는 일자리와 거주지를 마련하지 못한 상태에서 떠나기 때문에 안전과 취업 문제, 생활고 등의 어려움에 놓일 우려가 크다. 탄탄한 외국어 실력을 갖추지 못하면 제대로 된 일자리를 찾기 어렵고, 취업한다 해도 청소나 농장, 주방 일 등 현지인들이 꺼리는 3D 업종으로 내몰릴 가능성이 크다. 이런 상황에서 여행은커녕 외국어를 공부하기는 거의 불가능에 가깝고, 생각한 것과 너무 다른 현실에 중도 포기하는 경우도 생기게 된다. 게다가 각종 범죄에 노출된 '워홀러'가 늘어 사회 문제로까지 대두된 바 있다. 호주에서 성매매로 돈을 벌던 여성 워홀러가 절도 혐의로 붙잡히는가 하면, 시드니 식당에서 일하던 여성 워홀러가 귀갓길에 사망하는 사건까지 발생했다. 이런 이유로 워킹홀리데이가 '킬링홀리데이', '워킹호러데이' 등으로 불리고 있다. 외교부에서 운영하는 '워킹홀리데이 인포센터' 등을 통해 현지 일자리와 거주지 정보를 미리 알아보는 것이 예방책이라지만, 이것만으로 불안감을 지울 수는 없었다.

오페어란 이런 것

자세한 정보를 수집하기 위해 유럽 각국의 워킹홀리데이 사이트, 혹은 대사관 홈페이지를 살펴보기 시작했다. 그중에서 평소 관심이 컸던 독일 워킹홀리데이에 대해 집중 조사했다. 주한독일대사관 홈페이지에 각종 비자 정보를 안내하는 메뉴가 별도로 마련되어 있는데, 워낙 다양한 비자를 소개하고 있어 복잡하게 느껴졌다. 한참 사이트를 둘러보는데 문득 '오페어'라는 낯선 단어가 눈에 들어왔다. 평소 유학 비자나 어학연수 비자 등은 익숙하게 들어왔지만 '오페어 비자'는 금시초문. 포털사이트에 '오페어'를 입력하니 '위키백과'가 뜻을 설명해주었다.

"오페어(Au-pair)는 외국인 가정에서 일정한 시간 동안 아이들을 돌보아 주는 대가로 숙식과 일정량의 급여를 받고, 자유시간에는 어학 공부를 하고 그 나라의 문화를 배울 수 있는 일종의 문화교류 프로그램이다. 워킹홀리데이(working holiday)나 기존의 유모(Nanny)와 다르게 일의 비중이 그렇게 크지 않고, 외국인 가정에 입주하여 현지의 문화를 체험하는 동시에 어학 공부를 동시에 할 수 있는 이점을 가지고 있다. 미국 정부에서 주최하여 1989년에 만들어졌으며 목적은 문화교류 겸 아이 돌보기이다."

– 출처 : 위키백과

'홈스테이'와 '워홀'의 장점을 더하다

제도에 대한 구체적인 사항들을 파악할 수는 없었지만 대략 짐작할 수 있었다. 외국인 가정에 머무는 것은 '홈스테이'와 비슷하고, 합법적 경제 활동은 '워킹홀리데이'와 비슷한 측면이 있었다. 일단 내가 고민하는 경제 문제와 주거 문제를 한번에 해결할 좋은 기회라는 생각이 들었다. 이거 자세히 알아봐야겠다, 싶었다.

오페어에 대한 정보를 얻는 일은 생각보다 어려웠다. 국내 포털사이트를 통해 얻을 수 있는 정보는 간략한 개념 정도와 꽤 오래전에 작성된 블로그 포스트, 짤막한 단신 기사 몇 건이 전부였다.[※] 서점이나 도서관에서의 상황도 마찬가지였다. 관련 서적은 워낙 오래전에 출판돼 이미 절판됐고, 논문이나 학술지, 심지어 관련 영상도 찾아볼 수 없었다.

결국 비자 업무를 담당하는 외교부와 대사관에 직접 문의했다. 하

※ 최근 오페어 관련 정보를 담은 블로그 포스트 등의 정보가 늘었는데, 불과 2~3년 전 내가 오페어를 떠나기 전만 해도 인터넷에서 경험담을 찾기가 매우 어려웠다.

지만 이마저도 큰 성과를 얻지 못했다. 상담원들마저 명확한 답변을 해주지 못했기 때문이다. 간단한 검색만으로 알 수 있는 짤막한 설명과 함께 "우리에겐 정확한 정보가 없으니 다른 곳에 문의하라"는 말만 되풀이했다.

결국 해외 사이트에서 찾아보기로 했다. 도통 해석이 안 되는 내용은 어학사전과 웹 번역 시스템을 사용했다. 쓸 만한 정보를 거의 찾을 수 없는 우리나라와는 달리, 유럽이나 미국에서는 오페어 제도가 활발히 시행돼 쏠쏠히 정보를 찾을 수 있었다. 국가별로 다양한 오페어 기관이 설립되어 있는데 협회 성격을 띠는 곳도 있고, 국가에서 별도로 인정한 기관도 있었다. 관련 인터넷 사이트에서는 오페어에 대한 질문과 답이 활발히 오갔고, 이미 오페어를 경험한 이들이 일상과 정보를 공유하며 또 다른 오페어를 위한 길을 열어두고 있었다.

유럽 중에서는 특히 서유럽에서 오페어가 활발하게 이뤄지고 있었다. 내가 희망하는 독일의 경우 '오페어 비자'를 별도로 마련할 만큼 제도가 활성화되어 있었다. 독일과 달리 별도의 오페어 비자가 없는 국가여도, 통상적으로 마련된 기준에 따라 오페어 제도가 행해지고 있었다. 보통은 호스트[※] 가족과 오페어 계약을 체결한 후 해당 국가에서 거주가 가능한 비자를 발급해주는 수순으로 시행되고 있었다. 한편, 워킹홀리데이 등의 비자를 먼저 취득한 후 오페어 계약을 하도록 안내하는 국가도 더러 있다.

※ **호스트** = 오페어와 계약을 맺고 함께 지내며 숙식을 제공하는 쪽을 '호스트'라 칭한다. 오페어로 거주하게 된 국가를 '호스트 국가', 오페어와 함께 지내는 가족을 '호스트 가족'이라고 한다.

오페어의 자격 조건

오페어를 하기 위해 가장 먼저 고려해야 할 조건이 '나이'다. 국가별로 규정이 각기 다르지만, 포괄적으로 만 17세부터 만 30세까지의 남녀를 대상으로 하고 있다. 또 숙식을 무료로 제공받고 약간의 월급, 교통비와 보험료, 통신비를 비롯해 학원비 일부를 호스트 가족으로부터 지원받을 수 있다.* 단, 일정 수준의 어학 능력이 요구되는데, 미국을 제외한 대부분의 시행 국가에서 기초 수준을 명시하고 있다. 이외에도 필수는 아니지만 운전면허증을 갖고 있으면 좋고, 범죄 경력은 없어야 한다.

한편, 호스트 가족은 가정 내 18세 미만의 자녀가 한 명 이상 있어야 하고, 거주하는 국가의 자국민이어야 하며, 모국어를 사용하고 있어야 오페어를 고용할 수 있다. 예를 들어 독일에 살면서 독일 호스트 가족이 되기를 희망한다면, 가족 구성원이 'EU/EEA 독일' 또는 '스위스' 시민권을 가지고 있고, 독일어를 사용해야 한다. 여기에 범죄 경력이 없다면 부부나 미혼 커플, 등록된 동성 파트너, 단일 부모 등 누구나 오페어를 고용해 호스트 가족이 될 수 있다.

그렇다면 오페어를 고용한 호스트 가족의 이득은 무엇일까? 아이들의 안전과 정서적 안정이 비교적 보장되는 것이다. 시간제 근로자 등을 고용하게 될 경우 아이를 돌보는 사람이 자주 바뀔 가능성이 크다. 또 위급 상황 시 맞벌이 등의 이유로 부모가 옆에서 돌볼 수 없을 때 오페어

*독일 기준. 이 밖의 국가별 오페어 임금 계약 조건은 p.32 참고

에게 상시 요청할 수 있다. 오페어를 한 가족으로 받아들임으로써 아이들과 친밀감과 애정을 쌓을 수 있는 것도 장점이다.

금전적 혜택도 빼놓을 수 없다. 오페어 제도가 국가 간 문화 교류의 목적으로 시행되고 있는 만큼, 오페어를 위해 사용하는 비용(대행 수수료, 용돈, 보험, 시설물 등) 일부에서 세금 공제 혜택을 받는다. 비싼 인건비 지출을 절약하고 지출 대비 높은 효과를 볼 수 있는 것이다.

오페어와 데미페어, 뭐가 다를까

오페어에 대해 검색하다 보면 한 번쯤 '데미페어'를 접하게 된다. 명칭이 비슷한 데다가 유사한 성격을 띠기 때문이다. 그렇다면 이 둘의 공통점과 차이점은 무엇일까?

- **공통점** : 육아 등을 하는 대가로 숙식과 약간의 보수를 받는다. 대개 맞벌이 부부나 한부모 가정에서 오페어나 데미페어를 채용한다.
- **차이점** : 근무 시간이나 형태가 다르다. 오페어는 호스트 가족과 짧으면 6개월에서 길면 1년까지 한 집에 거주하며 가족의 한 구성원이 된다. 반면 데미페어는 파트 타임의 성격이 강하다. 필요에 따라(대부분 하루에 3~4시간, 주당 18~20시간 정도) 집에 방문해 가사 일을 돕거나 아이를 돌본다. 따라서 오페어는 호스트 가족과 계약서를 작성하고 비자를 발급받은 후, 가족의 보호를 받으며 집에 상주한다. 이와 달리 데미페어는 해당 가족의 요청에 따라 시간이나 주 단위로 업무를 처리하기 때문에 구두 협의로 계약이 이뤄지는 경우가 많다.

오페어 vs 워킹홀리데이 **전격 비교**

　오페어 정보를 수집하면서 나에게 '더할 나위 없는 기회'가 될 수 있겠다는 생각이 들었다. 좋은 호스트 가족을 만나면 워킹홀리데이보다 더 안정적인 해외 생활을 할 수 있을 것 같았다. 그러나 국내에 잘 알려지지 않은 제도라는 게 아무래도 부담이 됐다. 경험자가 많지 않기 때문에 현지에서 닥칠 수 있는 위기 대처법에도 미숙함이 있을 터. 그렇게 며칠 동안 워킹홀리데이와 오페어 사이에서 갈피를 잡지 못했다. 결국 워킹홀리데이와 오페어 중 어떤 것이 더 안전하고 효율적일지 항목별로 비교해보기로 했다.

　다음의 항목들은 내가 해외 생활에서 가장 중요하게 생각한 부분과 꼭 실천해야겠다고 다짐했던 부분을 근거로 설정했다. 이때 설정해놓은 우선순위 목록은 독일 생활의 목표와 방향 설정에도 큰 역할을 했다. 현지에 도착해서는 목표를 달성하는 동기가 되기도 했다.

구직 가능성

현지에 도착한 '워홀러'들의 가장 큰 고민은 구직이다. 워킹홀리데이 비자는 반드시 한국에서 발급받고 떠나야 한다. 따라서 일할 곳을 찾지 못한 상태에서 일단 해외로 떠나는 경우가 많다. 외국어가 유창하지 않거나 준비가 미숙한 상태에서 떠나면, 대부분 고강도 노동을 감수해야 한다. 농장이나 수하물 집하장, 지하 창고, 식당 주방 일이 대부분. 이마저도 일자리를 구하기가 쉽지 않아 한 워홀러는 "이력서를 100장 넘게 써도 연락이 한 번 올까 말까 한 상황이다. 결국 몇 달 간 일자리를 구하지 못해 호스텔 등 숙박비 지출만 늘어나 조기 한국행을 고민하게 됐다"고 말했다.

이와 달리 오페어는 현지에서 구직 걱정이 덜하다. 특히 내가 희망하는 독일의 경우 호스트 가족이 매칭된 다음에야 비자를 발급받을 수 있기 때문에, 한국에서 내가 살 곳과 할 일을 모두 인지한 상태에서 떠날 수 있다. 현지에 도착하면 바로 수익 활동에 나설 수 있는 것도 큰 장점. 하지만 호스트 가족이 매칭되는 일이 말처럼 쉽지는 않을 것 같았다. 특히 오페어 구인 사이트 등이 국내에 잘 알려져 있지 않으므로 어떻게 접근해야 할지조차 막막한 상태. 단, 오페어가 '모든 준비를 끝내고 간다'는 측면에서 안정감을 주었다.

워킹홀리데이	오페어
• 비자 취득 후 해외 현지에서 구직 • 취직이 쉽지 않은 편 • 다양한 직업군 고려 가능	• 구직(호스트 매칭)이 선행돼야 비자 취득(독일 등) • 해외 현지에 도착하면 바로 수익 활동(독일 등) • 아이 돌보는 일 외에 직업군 선택 불가

| 안전

가족과 떨어져 홀로 생활해야 하는 만큼 안전 문제는 최우선 고려 대상이다. 특히 '워홀러'들의 안전 문제가 어제오늘 일이 아닌 만큼 각별히 신경 써 대비할 필요가 있었다. 워킹홀리데이는 기본적으로 거주지나 보험 등 생활 전반적인 문제를 혼자 해결해야 한다. 해외는 물론, 국내에서조차 혼자 살아본 경험이 없었던 나는 이 부분이 상당히 걱정스러웠다.

한편, 오페어는 호스트 가족의 보호 아래 한집에서 함께 살기 때문에 여러 위험에 노출될 가능성이 상대적으로 적다고 판단했다. 익숙하지 않은 의료 시스템이나 법률 문제 등에 대해 자문할 수 있는 사람들이 있다는 것만으로 분명 큰 힘이 될 것이다. 또 타지 생활한다고 부모님 걱정이 이만저만 아닐 텐데, 나를 보호해 줄 현지 가족이 있다는 것으로 부모님의 걱정을 덜 수 있었다.

워킹홀리데이	오페어
• 거주지 등 생활 문제 홀로 해결	• 호스트 가족의 보호 아래 한집에서 생활

| 어학 공부와 여행

어학 실력 향상은 해외 생활을 계획하는 모든 이들의 목표다. 해외에 나가면 저절로 어학 실력이 쑥쑥 늘 것이라는 기대는 오산. 매일 접하고 노력하는 꾸준함으로 1년을 채워야 원하는 만큼의 결실을 얻을 수 있다. 나 역시 이런 이유로 현지에서 매일 어학원에 다닐 것을 계획했다. 또 휴일에는 틈

틈이 여행을 떠나 좀 더 넓은 세계를 경험하며 휴식을 취하고 싶었다.

이런 점에서 워킹홀리데이는 어려움이 따를 것 같았다. 현재 내 어학 실력으로 원하는 일자리를 구하기 어렵고, 분명 체력에 무리가 따르는 일을 피할 수 없을 것이다. 워킹홀리데이를 다녀온 주변 친구들의 말을 들어보니 고강도 노동으로 심신이 지쳐 어학 공부나 여행에 투자할 여력이 없었단다. 많은 워홀러들이 한국계 중소기업, 즉 구매 대행사나 물류 회사, 한인식당 등에서 일하는데, 초과 근무와 야근이 잦은 편이라고 들었다.

오페어라고 휴식 시간이 온전히 주어진다는 보장은 없었다. 아이들이 아프거나 위급한 상황이 발생할 경우 계약했던 시간보다 초과해 근무하는 일이 분명 생길 것이다. 또 특별한 이유 없이 무리하게 가사 일을 요구하거나 근무 시간과 휴식 시간의 구분을 두지 않고 '24시간 풀가동'을 바란다면 오히려 직장에서보다 더 힘든 상황에 놓일 수 있다.

단, 오페어는 어학원 등록을 계약서 등에서 권하고 있으므로 적어도 어학 능력을 쌓는 시간만큼은 보장받을 수 있을 것 같았다. 또 11개월 근무하면 1개월의 유급 휴가가 주어져 이를 여행 기간과 비용에 활용할 수 있다(12개월 계약 기준). 관건은 계약 사항을 잘 이행하느냐, 아니냐의 문제. 호스트 가족이 국가별 표준 양식의 계약서를 잘 지켜준다면 꾸준히 어학 공부하고 틈틈이 여행하는 것이 가능할 것 같았다.

워킹홀리데이	오페어
• 고강도 노동과 잦은 야근 예상 • 어학 공부와 여행에 투자할 시간이 비교적 적음	• 위급 상황 초과 근무 예상 • 어학원 의무 등록, 11개월 근무 시 1개월 유급 휴가 등 계약 이행 시 어학 공부, 여행 가능성 높음

수입과 지출

수입은 오페어보다 워홀러가 월등히 많은 편. 해당 국가와 근무지, 업무 내용에 따라 임금 수준은 천차만별이지만, 최저 임금 기준으로 한화 120~150만 원 정도의 월수입을 예상할 수 있다. 반면 오페어에게 용돈 명목으로 주어지는 월수입은 한화 45~50만 원 수준이다.

하지만 수입과 수익은 다른 법. 얼마를 벌었느냐보다 얼마가 남았느냐가 더 중요한 것 아닌가. 마침 독일에 워킹홀리데이로 떠난 친구가 작성한 가계부가 있어 오페어 가계부※와 비교해 보았다. 집 보증금·월세, 유지·관리비, 식비, 보험료, 교통비, 통신비, 어학원비 등의 항목을 같은 조건으로 비교해보니 뜻밖에도 큰 차이가 났다.

이처럼 항목별로 정리해 각각의 장단점을 고려해 본 후 결국 나는 오페어로 떠나야겠다는 확신이 섰다. 앞서 말한 것처럼 현지에서 '일'이 우선이 아닌, 어학 공부와 여행, 안전 등이 최우선돼야 했다. 내가 설정한 목표를 실행하기에는 오페어가 더 알맞을 것 같았다.

※ 다음 페이지에 비교한 워킹홀리데이 가계부와 오페어 가계부는 떠나기 전 예상해 작성한 것에, 떠난 후 체감한 현실적인 부분을 반영해 수정·완성한 것이다. 오페어 가계부는 독일에서 제시하고 있는 최저 임금 기준과 가장 저렴한 보험료, 통신비 등을 적용한 것이다.

워킹홀리데이 가계부

기준 : 독일 거주, 한 달

항목	비용	비고
월수입	998€	한국계 중소 기업 구매대행사 물류팀에서 근무. 오전 9시 출근~오후 7시 퇴근
숙소 보증금	1500€	한국에서 모아둔 돈으로 해결. 추후 반환 가능
월세	450€	유지·관리비 포함. 집 구하는 일이 까다로워 현지 도착 후 약 한 달 동안 호스텔, 한인민박(숙박료 1일 20~40€ 수준) 등에서 거주
교통비	128€	외곽 지역이라 교통비가 더 비쌈
식비	300€	집에서 준비해온 도시락(한 끼 5€ 수준)을 하루 두 끼만 먹는다고 가정했을 때. 식당의 경우 한 메뉴 당 점심시간 할인 혜택을 받아 한 끼 10€ 수준
어학원	280€	최저 가격 적용
보험료	40€	최저 가격 적용
통신비	10€	최저 가격 적용
기타(문화 생활 및 생필품 구매)	70€	쇼핑 등을 최대한 자제하고 최소 금액만 지출했을 때

998€(월수입) - 450€(월세) - 128€(교통비) - 300€(식비) - 280€(어학원) - 40€(보험료) - 10€(통신비) - 70€(기타) = -280€

➡ 보증금·월세 등 숙박비, 식비, 어학원비, 보험료, 교통비, 통신비 등을 온전히 내 몫으로 부담해야 한다. 결국 한국에서 파트타이머를 하며 모아둔 자금을 초과 지출했고, 이마저도 부담이 따르자 2개월 후부터는 어학원을 포기하기로 결정했다. 시간·금전적 여유가 부족해 6개월 동안 여행을 다녀온 적이 없다. 비자 발급에 따른 모든 비용은 본인이 직접 부담.

오페어 가계부

기준 : 독일 거주, 한 달

항목	비용	비고
월수입	260€	독일 오페어 계약에 따른 최저 임금 적용
숙소 보증금	없음	호스트 가정에서 기주하여 저절로 해결
월세	없음	
교통비	없음	
식비	없음	
어학원	180€	워킹홀리데이와 동일한 조건 적용 (오페어 할인 50€, 호스트 가족 지원금 50€)
보험료	없음	호스트
통신비	없음	호스트
기타(문화 생활 및 생필품 구매)	70€	워킹홀리데이와 동일한 조건 적용

260€(월수입) - 180€(어학원) - 70€(기타) = 10€

➡ 어학원비, 기타 비용 외에 지출이 거의 없을 정도로 대부분 호스트 가정에서 지원받는다. 어학원비의 경우에도 오페어 할인 제도와 호스트 가족의 지원금으로 지출 부담을 훨씬 덜 수 있다. 12개월 오페어 계약 시 1개월의 유급휴가가 주어지기 때문에 여행 자금과 기간도 어느 정도 확보할 수 있다. 비자 발급에 따른 모든 비용은 호스트 가족이 부담.

어디로 떠나면 좋을까?

해외 생활을 계획한 많은 이들이 '어디로 떠나야 할까?'를 두고 고민에 빠진다. 떠나고자 하는 국가를 선택할 때에는 무엇보다 호기심과 애착이 우선시되는 게 좋겠다. 필요한 목적을 달성하는 것 이전에, 달성하기 위한 욕구가 일어나는 게 우선이다. 가고 싶고, 머물고 싶고, 알고 싶은 마음이 일어야 매사에 적극적으로 생활하고, 어려움이 생겨도 극복해나갈 것이 아닌가. 따라서 자신이 떠나고자 하는 이유를 분명히 하고, 이를 잘 실현할 수 있는 곳인지를 살펴야 한다. 국가에 대한 사회적, 문화적, 지리적 조건 등이 자신의 목적과 잘 맞는지 인터넷, 책, 문헌 등을 가리지 말고 정보를 수집하자.

우리나라 외교부에서 공시한 워킹홀리데이 참가자 현황을 보면 단연 호주, 캐나다의 영어권 국가와 가까운 일본을 선호하는 성향이 읽힌다. 나 역시 미국, 호주 등 영어권 국가를 고려하지 않은 것은 아니지만, 몇 차례 언급했듯 독일에 대한 관심이 지대했기에 크게 망설이지 않고 결정했다. 학창시절부터 독일에 대한 호기심과 동경이 있었던 데다가 몇 년 전 출장길에 독일, 오스트리아, 헝가리, 폴란드 등을 둘러본 후 단연 독일의 매력에 빠졌기 때문이다.

독일로 떠난 5가지 이유

독일로 떠나야겠다고 확신한 이유는 다음과 같다. 첫째, 독일어를 배우고 싶었기 때문이다. 특유의 거칠고 투박한 억양이 반듯한 독일인의 성향을 대변하는 듯했다. 성대를 긁는 듯한 특이한 발성법과 툭툭 끊기는 억양도 꼭 배우고 싶은 욕구를 자극했다.

둘째, 독일인은 철저하고 깔끔하다. 독일인은 융통성 없다는 지적을 받을 만큼 시간 관념, 질서 의식 등 사회적 약속에 철저한 편이다. 또 집을 깔끔하게 정돈하고, 예쁘게 꾸미기로 유명하다. 예부터 프랑스인은 음식에, 이탈리아인은 옷에, 독일인은 집에 평생을 바친다고 할 정도. 이는 내가 1년간 거주할 집과 그곳에서 함께 생활할 사람들에 대해 긍정적으로 생각하게 했다. 특히 오페어는 어떤 호스트를 만나는지가 중요한데, 철저하고 깔끔한 독일인과의 1년은 단연 믿음이 갔다.

셋째, 독일 철학은 세계 문화에 기여할 만큼 중요한 위치를 차지한다. 당장 실생활에서 쓸모없을 것 같은 철학은 사실 중요한 결정을 내려야 할 때 놀라운 힘을 발휘한다. 오랜 전통을 지키며 국가 면면히 흐르고 있는 독일 철학을 일상의 언어로 마주하고 싶었다.

넷째, 교육 시스템에 대한 궁금증이 있었다. 나는 대학 때부터 학보

사 기자 활동을 했고, 졸업 후 국내에서 가장 규모가 큰 국립대학 신문사에서 근무했다. 그러면서 각 나라의 교육 체계나 평생교육 등에 관심을 두게 됐는데, 독일은 일부를 제외하고 유치원부터 대학교까지 전액 무료 교육을 받을 수 있다. 심지어 대학 통학을 위한 모든 교통 시스템이 대학생에게 무료이다. 대학 이외에도 직업학교나 전문학교 등이 다양하게 마련돼 교육에 있어 사회적 낙오자가 없도록 여러 측면에서 지원하고 있다. 이런 독일의 교육 체계를 가까이에서 엿보고 싶었다.

다섯째는 바로 여행하기 편리한 지리적 조건이다. 주변 유럽국으로 둘러싸인 독일은 버스나 기차로 오스트리아, 스위스, 체코, 벨기에, 네덜란드, 덴마크 등으로 떠날 수 있는 교통의 요지이다. 독일을 거점으로 주변 유럽국을 여행하고 싶었다.

| 주요 국가별
| 오페어 계약 조건

국가별 오페어 계약 조건도 호스트 국가를 선택하는 데 중요한 요소이다. 아무리 가고 싶은 곳이라도 현실적 여건이 따라주지 않으면 소용없지 않은가. 오페어 매칭 기관인 오페어월드(www.aupairworld.com)에서 제공하고 있는 정보에 따라, 오페어가 가장 활발하게 이뤄지는 22개 국가 호주, 오스트리아, 벨기에, 캐나다, 덴마크, 핀란드, 프랑스, 아일랜드, 아이슬란드, 이탈리아, 룩셈부르크, 네덜란드, 뉴질랜드, 노르웨이, 스페인, 스웨덴, 스위스, 영국, 미국의 오페어 계약 조건을 정리해봤다.

이 정보를 정리하는 데 꽤 많은 시간이 소요된 것은 국가마다 관할하는 기관과 기준, 조건 등이 모두 다르기 때문이다. 워킹홀리데이의 경우 우리나라와 타국 간의 협약으로 외교부에서 관련 규정을 정확히 명시하고 있지만, 오페어의 경우 해당 국가에서 공시하는 규정을 따라야 하므로 세계적으로 통용되는 기준이 딱히 정해진 게 아니다. 따라서 오페어로 타국에 머물겠다는 목적이 같더라도 독일, 오스트리아, 네덜란드 등에서는 '오페어 비자'를 발급받으면 되지만 호주, 아일랜드는 '학생 비자', '워킹홀리데이 비자' 중 하나를, 미국은 'J1 비자'를 발급받아야 한다.

단, 오페어 계약서는 대부분의 국가에서 'Relating to an au pair placement subject to the European Agreement on Au Pair Placement of 24 November 1969'에 따른 유럽 공식 오페어 계약서를 자국 언어로 번역해 사용하는 경우가 많았다. 계약서의 세부적인 기준은 세계적으로 유명한 오페어 매칭 사이트나 해당 국가에서 지정한 오페어 에이전시의 규정을 바탕으로 하거나, 호스트 가족과의 협의로 이뤄지는 경우가 많았다. 이처럼 호스트 가족과의 협의로 계약서가 작성·매칭되는 오페어 제도의 특성 때문에, 각 국가에서도 세부적인 기준을 공식적으로 규정하거나 공지하기 어려운 게 사실이다. 따라서 다음 표에서도 모든 상황에서 이 기준이 적용된다고 단언하기 어렵다는 것을 이해하기 바란다.

주요 국가별 오페어 임금·근로 시간

(단위 : 주, 혹은 월)

국 가 (영문 순서)	임 금	근 로 시 간
호주 Australia	200~250AUD/주	25~40시간/주
오스트리아 Austria	405.98EUR/월	19시간/주
벨기에 Belgium	450EUR/월	최대 20시간/주
캐나다 Canada	200CAD/주	25~30시간/주
덴마크 Denmark	4,000DKK/월	18~30시간/주
핀란드 Finland	세전 후 최소 252EUR/월	최대 30시간/주
프랑스 France	264.00~316.80EUR/월	30시간/주
아일랜드 Ireland	75~100EUR/주	25~35시간/주
아이슬란드 Iceland	ISK10,000/주	30시간/주
이탈리아 Italy	250~300EUR/월	15~30시간/주
룩셈부르크 Luxembourg	480.74EUR/월	30시간/주
네덜란드 Netherlands	최대 300EUR~340EUR/월	30시간/주
뉴질랜드 New Zealand	150~180NZD/주	30~35시간/주
노르웨이 Norway	5,000NOK/월	30시간/주
스페인 Spain	50~70EUR/주	30시간/주
스웨덴 Sweden	3,500SEK/월	최대 40시간/주
스위스 Switzerland	500~750CHF/월	최대 30시간/주
영국 United Kingdom	70~85GBP/주	최대 30시간/주
미국 USA	195.75USD/주	최대 45시간/주

※ 이 정보는 2015년 오페어 매칭 사이트 '오페어월드'에서 공시한 정보를 기준으로 함. 세부 계약 조건은 각 국가별 호스트가 제시하는 계약서에 따라 다를 수 있음.

주요 국가별 오페어 계약 조건

호주 / Australia
- **나이** : 만 18~30세
- **언어 능력** : 영어 기초
- **비자** : 학생 비자, 워킹홀리데이 비자
- **표준 계약서** : 유럽 공식 오페어 계약서
- **혜택** : 호스트 가족과 협의
- **기타 사항** : 워킹홀리데이 비자 기준에 따름

오스트리아 / Austria
- **나이** : 만 18~27세
- **언어 능력** : 독일어 기초
- **비자** : 오페어 비자
- **표준 계약서** : 독일 오페어 계약서
- **혜택** : 무료 숙식(가구와 창문이 갖춰진 최소 9㎡의 개인 방), 건강보험, 어학원 수업료 절반
- **기타 사항** : 비자 신청 시 오페어 계약서, 어학능력증명서, 호스트 가족이 신청한 보험 가입 확인서, 거주자 신고서를 제출해야 함

벨기에 / Belgium
- **나이** : 만 18~25세
- **언어 능력** : 프랑스어, 덴마크어, 독일어 기초
- **비자** : D형 쉥겐비자(B형 취업허가)
- **표준 계약서** : 벨기에 오페어 계약서(호스트 가족의 거주 지역에 따라 계약서 작성함 : 브뤼셀(프랑스어, 덴마크어), 왈롱(프랑스어), 플랑드르(덴마크어))
- **혜택** : 무료 숙식, 건강보험
- **기타 사항** : 비자 신청 시 최근 사법 기록, 진단서(최근 6개월 이내 벨기에 대사관의 승인을 받은 의사에 의한 것), 호스트 가족이 신청한 B형 취업 허가서, 오페어 계약서, 네덜란드어, 프랑스어 또는 독일어 어학 수업에 선택적으로 참여해야 함

캐나다 / Canada
- **나이** : 만 18~30세
- **언어 능력** : 영어 기초
- **비자** : 워킹홀리데이 비자(비자 연장 불가능)
- **표준 계약서** : 유럽 공식 오페어 계약서
- **혜택** : 호스트 가족과 협의
- **기타 사항** : 워킹홀리데이 비자 기준에 따름

- **나이** : 만 18~29세
- **언어 능력** : 덴마크어, 스웨덴어, 노르웨이어, 영어, 독일어 기초
- **비자** : 오페어 비자(6개월 비자 연장 가능)
- **표준 계약서** : 덴마크 오페어 계약서   • **혜택** : 무료 숙식
- **기타 사항** : 비자 신청 시 오페어 계약서, 미성년자의 경우 오페어 보호자의 동의서, 출생증명서, 어학능력증명서 등이 필요함

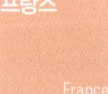

- **나이** : 만 17~30세   • **언어 능력** : 핀란드어, 스웨덴어 기초
- **비자** : 워킹홀리데이 비자
- **표준 계약서** : 유럽 공식 오페어 계약서
- **혜택** : 호스트 가족과 협의
- **기타 사항** : 워킹홀리데이 비자 기준에 따름. 용돈과 숙식 비용의 24.2%를 연금보험료 명목으로 지불해야 함(오페어가 5.55% 부담, 가족이 18.65% 부담). 핀란드어 또는 스웨덴어 어학 코스에 참여해야 함

- **나이** : 만 17~30세   • **언어 능력** : 프랑스어 기초
- **비자** : 장기 체류 학생 비자(6개월 비자 연장 가능, 총 18개월 체류 가능)
- **표준 계약서** : 프랑스 오페어 계약서
- **혜택** : 무료 숙식
- **기타 사항** : 비자 신청 시 어학능력증명서, 건강증명서(오페어 시작 3개월 미만 내 발급받은 프랑스어 번역 서류), 자기소개서, OFII 인증 신청서(오페어 공식 등록) 필요

아일랜드 Ireland

- **나이** : 만 18~30세
- **언어 능력** : 영어 기초
- **비자** : 학생 비자, 워킹홀리데이 비자(비자 연장 불가능)
- **표준 계약서** : 유럽 공식 오페어 계약서
- **혜택** : 호스트 가족과 협의
- **기타 사항** : 워킹홀리데이 비자 기준에 따름

아이슬란드 (Iceland)

- **나이** : 만 18~25세
- **언어 능력** : 아이슬란드어, 영어 기초
- **비자** : 오페어 비자
- **표준 계약서** : 아이슬란드 오페어 계약서
- **혜택** : 무료 숙식
- **기타 사항** : 최소 2,000,000IKR 이상의 건강보험료를 지불해야 함

이탈리아 (Italy)

- **나이** : 만 18~30세
- **언어 능력** : 이탈리아어 기초
- **비자** : 학생 비자
- **표준 계약서** : 기초어학증명서, 오페어 계약서, 건강보험가입 증명서
- **혜택** : 무료 숙식, 건강보험
- **기타 사항** : 어학 코스에 등록할 때는 국가에서 승인한 어학원 · 학교를 이용해야 함

룩셈부르크 (Luxembourg)

- **나이** : 만 18~30세
- **언어 능력** : 룩셈부르크어 기초
- **비자** : D형 비자
- **표준 계약서** : 룩셈부르크 오페어 계약서
- **혜택** : 무료 숙식, 건강보험, 어학원 수업료
- **기타 사항** : 비자 신청 시 출생증명서, 오페어 계약서, 좋은 행동 증명서 등이 필요

네덜란드 (Netherlands)

- **나이** : 만 18~31세
- **언어 능력** : 네덜란드어, 영어 기초
- **비자** : 오페어 비자
- **표준 계약서** : 네덜란드 오페어 계약서
- **혜택** : 무료 숙식
- **기타 사항** : 네덜란드 입국 후 반드시 결핵 검사를 받아야 함. 오페어 계약 체결 후 공식 오페어 인정 기관에 등록해야 함

- **나이** : 만 18~30세
- **언어 능력** : 영어 기초
- **비자** : 워킹홀리데이 비자
- **표준 계약서** : 유럽 공식 오페어 계약서
- **혜택** : 호스트 가족과 협의
- **기타 사항** : 워킹홀리데이 비자 기준에 따름

- **나이** : 만 18~29세
- **언어 능력** : 노르웨이어, 덴마크어, 스웨덴어 기초
- **비자** : 학생 비자
- **표준 계약서** : 노르웨이 오페어 계약서
- **혜택** : 무료 숙식, 건강보험, 어학원 수업료 일부(최소 8,100NOK)
- **기타 사항** : 오페어로 최대 2년 동안 거주 가능

- **나이** : 만 18~30세
- **언어 능력** : 스페인어, 포르투갈어 기초
- **비자** : 학생 비자
- **표준 계약서** : 스페인 오페어 계약서
- **혜택** : 무료 숙식, 건강보험료 일부
- **기타 사항** : 호스트 가족과 협의

- **나이** : 만 18~30세
- **언어 능력** : 스웨덴어 기초
- **비자** : 워킹홀리데이 비자
- **혜택** : 호스트 가족과 협의
- **표준 계약서** : 유럽 공식 오페어 계약서
- **기타 사항** : 현지에서 스웨덴 세금 기구에 등록한 후 숙식에 대한 세금을 지불해야 함

- **나이** : 만 18~25세
- **언어 능력** : 독일어, 프랑스어, 이탈리아어 기초
- **비자** : D형 장기체류 비자
- **표준 계약서** : 독일 오페어 계약서
- **혜택** : 무료 숙식, 건강보험, 어학원 수업료 일부
- **기타 사항** : 독일 오페어 비자 기준으로 대신하는 경우가 많음

- **나이** : 만 18~30세
- **언어 능력** : 영어 기초
- **비자** : 워킹홀리데이(Youth Mobility Scheme) 비자
- **표준 계약서** : 유럽 공식 오페어 계약서
- **혜택** : 호스트 가족과 협의
- **기타 사항** : 워킹홀리데이 비자 기준에 따라, 오페어는 최대 24개월 거주 가능

- **나이** : 만 18~26세
- **언어 능력** : 영어 중급
- **비자** : J-1 비자(6개월, 9개월, 12개월 비자 연장 가능)
- **표준 계약서** : 미국 오페어 계약서
- **혜택** : 건강보험, 무료 숙식, 보육 교육 수업료 일부(500USD)
- **기타 사항** : 호스트 가족과 협의 후 어학원 등록 가능함. 오페어 계약은 국가에서 지정한 공식 오페어 기관을 통해 이뤄져야 하며, 보육 교육은 아이 안전(최소 8시간)과 아이 교육(최소 24시간)을 이수해야 함

※ 이 정보는 2015년 오페어 매칭 사이트 '오페어월드'에서 공시한 정보를 기준으로 함. 세부 계약 조건은 각 국가별 호스트가 제시하는 계약서에 따라 다를 수 있음.

au pair

Part 2

오 페 어
준   비
A to Z

오페어 경험자를 찾아라

 이제 본격적으로 첫발을 뗄 시간이 왔다. '독일 오페어'로 떠나겠다는 확신을 하고 나니 한결 준비에 가속이 붙기 시작했다. 벌써 독일 공항에 서 있는 것 같아 설레기까지 했다. 잠깐만, 그런데 어디서부터 어떻게 준비해야 하지? 나름대로 이런저런 정보들을 수집하고는 있었지만, 막상 어떤 것을 먼저 챙겨야 하고 무엇을 우선적으로 준비해야 할지 막막하기만 했다. 주변에 경험자가 없다는 것이 문제. 오페어 경험자가 있어야 어떤 게 좋고 어떤 게 나쁜지, 어떤 걸 준비해야 하고, 하지 않아도 되는지를 알려줄 텐데 말 그대로 '맨땅에 헤딩'하는 상황이 되어버린 것이다.

'오페어 일기'를 쓴 블로거

한참을 고민하고 있는데 문득 포털사이트 블로그에서 보았던 관련 포스트가 생각났다. 오페어를 다녀온 한 블로거가 현지에서 겪은 일상을 자신의 블로그에 일기처럼 써둔 걸 읽은 적이 있기 때문이다. 호스트 하우스의 생활 환경과 현지 어학원에 대한 생각 등을 담고 있었다. '그래, 왜 고민하고 있어? 직접 연락해서 물어보면 되잖아!'하는 생각이 머리를 스쳤다. 수첩에 적어두었던 블로그 주소를 검색해 연락할 방법을 찾기 시작했다. 아쉽게도 이메일 주소나 연락처 등을 비공개로 해둔 상태라 직접 연락할 수는 없었지만, 블로그를 통해 쪽지를 보낼 수는 있었다. 쪽지를 보낸다고 확인할까, 반신반의했지만 밑져야 본전이다 싶어 작성하기 시작했다.

"안녕하세요, 저는 스물다섯 살 양호연이라고 합니다. 독일 오페어를 희망하고 있는데, 아무리 정보를 찾으려 해도 간략한 정의만 알 수 있을 뿐, 떠날 수 있는 방법이나 오페어 생활의 모습을 알 수는 없었습니다. 그러다가 블로거 님이 쓰신 포스트를 읽게 되었습니다. 직접 오페어를 경험하셨다고 하니, 저에게 큰 도움이 될 것 같아 이렇게 연락드립니다. 몇 가지 궁금한 점을 여쭤보려고 하는데 답변해주실 수 있을까요?

1. 오페어로 산다는 것은 어떤가요. 오페어 생활에 만족하셨나요?
2. 오페어를 하기 위해 어떤 준비들을 하셨나요?
3. 독일어를 못하는데 문제가 되지는 않을까요?

4. 호스트 가족은 어떻게 찾으셨나요?

5. 계약 조건은 어땠는지 알 수 있을까요?

워낙 정보가 없어서 답답한 마음에 이렇게 쪽지를 보냅니다. 답변 꼭 부탁합니다. 감사합니다."

작성할 수 있는 글자 수가 제한된 '쪽지'라서 길게 쓸 수도 없는 노릇이었다. 쪽지를 보내고 나서 며칠간 몇 번이나 '받은쪽지함'을 열어봤는지 모른다.

불씨를 붙여준 쪽지 한 통

해당 블로거에게 쪽지를 보낸지 일주일쯤 지났을까. 서서히 다른 방법을 찾아야겠다는 생각이 들 때쯤 해당 블로거로부터 반가운 쪽지 한 통이 날아들었다.

"안녕하세요. 처음 오페어를 준비할 때 생각이 많이 나네요. 당시에도 워낙 정보가 없다 보니 어떻게 해야 할지 걱정이 태산이었고, 하나부터 열까지 혼자 알아봤었죠.

저는 무사히 오페어 활동을 마쳤어요. 좋은 호스트 가정을 만나 즐거운 추억을 많이 쌓았습니다. 저는 오페어로 떠나기 전 가장 먼저 어학원에 다녔어요. 비자를 받으려면 기초어학능력증명서가 필요합니다. A1~A2 정도의 수준만 되면 문제없고요.

가장 중요한 호스트 가족은 오페어 중개 에이전시를 통해 소개받았어요. 일정액의 수수료를 내고 각종 서류를 준비해 제출하면 됐죠. 다만 가족이 연결되는 데 꽤 오랜 시간이 걸렸던 걸로 기억합니다. 오페어 계약 조건은 비자를 신청할 때 정해진 양식이 있으니, 기준에 따라 작성된 계약서에 서명만 하면 돼요. 오페어 계약서는 무척 중요하니 꼼꼼히 살펴보고 작성해야 해요. 작성한 뒤에도 잘 챙기셔야 하고요. 좋은 경험하시길 바랍니다."

앞이 보이지 않다고 생각했던 순간, 눈앞에 길이 펼쳐진 것만 같았다. 여러 경험담을 모두 참고할 만했지만, 그중에서도 무사히 잘 마치고 돌아왔다는 말이 특히 반가웠던 것 같다. 지금의 나처럼 정보가 전무했음에도 무사히 다녀왔다는 건 '나도 할 수 있다'는 확신을 가지게 해주었다. 돌이켜 생각해보면 만약 그때 그 블로거가 오페어에 대해 좋지 않게 이야기했거나 고생만 하고 왔다는 둥의 불만만 털어놨더라면 내가 독일 오페어를 경험할 수 있었을까. 새삼 그 블로거에게 고마운 마음이 든다.

에이전시 중개 수수료의 함정

블로거는 에이전시를 통해 오페어로 떠나게 됐다고 했다. 이미 경험한 사람이 그렇게 말하니 나도 중개 에이전시를 통해야 할 것만 같았다. 바로 포털사이트에 검색한 후 오페어 중개를 해준다는 유명 에이전시 A사와 B사, 두 곳을 찾았다.

| "300만 원 내고
| 기다려요!"

첫 번째로 찾은 A사는 독일로의 유학, 어학연수, 혹은 워킹홀리데이를 준비하는 이들이라면 한 번쯤 연락해봤을 법한 대형 유학 전문 업체였다. 워낙 많은 이들이 업체 블로그에 질문하고, 파워링크 등 각종 광고를 많이 하고 있어 나 역시 자연스레 발길이 닿았다. 마침 홈페이지 메인 화면에 오페어 중개 업무를 안내하고 있기에, 상담 예약을 하고 해당 업체 사무실을 방문했다. 안내받은 자리에 앉아 업체

대표와 이야기를 나누는데, 어째 고개가 갸우뚱할 일들만 계속 벌어졌다. 오페어 비자 발급이 가능한 나이와 호스트 가족과의 계약 조건, 준비 단계, 요구되는 어학 수준 등이 내가 사전 조사한 것과는 큰 차이가 있었기 때문이다. 오히려 이야기 중간중간 내가 변경되거나 잘못된 정보를 알려주니 "그럴 리 없다"며 당황하다가 결국 자신들의 데이터를 수정하기도 했다.

이들은 오페어를 하나의 '알바(아르바이트) 유학 프로그램'이라고 광고했다. 그리고 해당 프로그램에 참가하려면 179만 원을 내야 한다고 했다. 이마저도 대학교 독일어학과에 1년 이상 재학 중이거나 독일어를 일정 기간 수료한 사람(독일어 또는 영어 초급 이상), 또는 자사가 운영하는 독일어 회화반 12주 과정을 수료한 이들만 대상자가 될 수 있단다. 그렇지 않을 경우에는 호스트 가족 소개에 따른 수수료와 12주 회화 과정 수업료를 더한 299만 원을 내야 한단다. 물론, 항공료와 비자발급비는 프로그램 비용에 포함되지 않아 별도 부담해야 한다.

여기서 의아한 점이 있었다. 바로 이들이 요구하는 수수료나 현지 매칭 등록비가 어떤 의미인지 명확하지 않다는 것이다. 또 호스트 가족을 연결해 준다고는 하지만, 그게 언제 이뤄질지는 모르니 무작정 기다려야 한다는 것도 걱정스러웠다. 그들은 "우리도 언제 호스트 가족과 연결돼 떠날 수 있다는 확답은 주지 못하니, 같이 공부하면서 그때까지 이력서와 자기소개서 쓰는 걸 도와주겠다"는 말만 반복했다.

| 전 세계 네트워크,
| 믿어도 될까?

그다음에 찾은 오페어 중개 전문 업체, B사도 상황은 마찬가지였다. 사무실을 방문해 한층 다양한 사례와 정보를 안내받으니 이번에는 꽤 그럴듯했다. 이곳은 미국, 호주, 뉴질랜드, 영국과 이 밖의 유럽국으로 구분해 수수료 책정 기준을 달리했다. 상담사는 이미 수많은 이들의 오페어 중개 업무를 처리했으며, 세계 각국에 자사 연락망과 네트워크가 구축돼 있어 어떤 문제가 생겨도 도움을 줄 수 있다고 자부했다. 자신들이 중개한 오페어 사례집을 펼쳐 보이며 한참 설명하는데, 해당 사례와 기준이 모두 미국으로 한정되어 있어 독일이나 기타 유럽국 사례는 없는지 물었다.

하지만 돌아온 답변은 무척 당황스러웠다. 대뜸 "미국으로 오페어를 떠나보지 않겠느냐"며 "유럽보다 미국으로 떠나는 것이 본인에게 더 도움이 될 것"이라고 했기 때문이다. "미국으로 떠나는 것이 훨씬 더 좋다"는 입장이 강경하다 보니 여차하다가 설득당할 뻔했다. 내가 독일로 떠나기로 결정한 것이 실수였나 하는 생각마저 들었다. 그러다 정신을 차리고 "독일에 대한 설명을 부탁한다"고 하니 상담사의 말수가 적어지기 시작했다.

"독일로 중개해드릴 수 있다고는 했는데 사실은 저희가 한 번도 해 본 적이 없어서요. 독일어를 할 수 있는 직원도 없고, 언제 연결될지도 모르는 일이고…. 그래도 독일 오페어를 원하시면 저희가 중개해 보기는 할게요. 그런데 자기소개서나 이력서, 인터뷰 같은 건 직접 준비하셔야 해요. 저희가 도와드릴 방법이 없어서…. 원하시면 영문 인터뷰 샘플 같은 건 보여드릴 수 있겠네요."

홈페이지에 자신 있게 내건 유럽국 오페어 중개 광고는 결국 미국 오페어 중개를 위한 미끼였는지도 모르겠다. 전 세계에 네트워크를 갖추고 있는 거대 조직이라는 이야기마저 사실이 아닐 수도 있겠다는 의구심이 들었다.

몰라서 도움받기 위해 찾은 에이전시나 유학원에서 결국 얻은 것이 하나도 없었다. 도리어 정보를 제공해주고 왔을 뿐이다. 수수료 벌이에만 급급하다는 생각에 불쾌하기까지 했다. 물론 중개 에이전시에 수수료를 내고 그만큼의 정보나 도움을 받아 좋은 결과를 얻을 수 있다면 적극 활용해볼 만하다. 하지만 나의 경우 이 두 사례를 통해 내가 지불해야 하는 수수료만큼의 가치를 얻지 못할 것 같아 괜한 돈을 쓸 이유가 없었다. 이제 정말 의지할 곳이 없다는 생각이 들었다. '괜히 시작한 것 아닌가'하는 후회를 시작으로 '포기해야겠다'는 생각이 드는 순간이었다.

오페어를 포기해야 한다면 차선책으로 워킹홀리데이를 고려해보는 수밖에 없었다. 며칠 동안 다시 워킹홀리데이에 대해 알아보면서 가급적 많은 이들이 떠나는 방법을 선택하는 게 맞는 걸까 수없이 고민했다. 하지만 아무리 따져봐도 오페어만큼 실용적인 제도가 없는 것 같았다. 워킹홀리데이에 대해 알아보다가도 자꾸만 오페어 정보를 찾아보는 나를 발견했다. 그러다 문득 '무식한 게 용감하다'는 어머니의 명언이 떠올랐다. 그래, 해보지도 않고 포기하기에는 너무 이른 것 아닐까. 조금 겁은

났지만 직접 호스트 가족을 찾아보기로 했다.

    차근차근 한 걸음부터 시작하기 위해 노트에 내가 해야 할 일을 정리했다. 가장 먼저 비자에 필요한 기초 어학 실력을 쌓고, 다음으로 나를 소개할 수 있는 자기소개서를 쓰고, 호스트 가족이 볼 법한 곳에 그 자기소개서를 업로드하면 되겠다. 자, 그럼 이제 첫 걸음을 힘차게 내딛어볼까?

기초 어학 정복 첫걸음

하나부터 열까지 직접 준비한다는 것은 상당한 집중력을 요구하는 일이었다. '독일 오페어'라는 목적에 다가서기 위해 불필요한 것들을 걷어내고, 반드시 해야 할 일의 순서를 정해 차례로 해결해나갔다.

| 어학원 등록 먼저!

가장 먼저 독일어 학원에 등록했다. 독일 대사관 홈페이지에 공지된 오페어 비자 규정에 따르면 '독일어 기초어학능력증명서'를 필수로 준비해야 한다. '기초어학능력증명서'는 어학원에서 관련 과목을 일정 시간 이상 이수하면 발급이 가능하다. 사실 여기에서 요구하는 수준은 '이 나라 언어에 대해 이 정도 공부했고 이만큼 관심을 두고 있다' 정도로 생각하면 무리가 없다. 특별히 까다롭지 않다는 얘기다.

이 밖에 비자를 신청할 때 일정 시간 이상 수업을 들었거나 혹은 어학 시험에서 일정 점수 이상을 취득했다는, 둘 중 하나를 충족하는 서류가 필요하다*. 나는 독일어에 대해 전혀 아는 것이 없는 말 그대로 '생초보'이다 보니 어학원에 등록해 일정 시간 이상 수업 듣는 것이 여러모로 효율적이었다. 혼자 공부해 시험을 준비하다 보면 또 시간이 지체되리라 판단했기 때문이다.

좋은 독일어 학원을 찾는 일은 생각보다 쉽지 않았다. 서울 강남, 종로, 신촌 등에 널린 게 어학원이라지만 영어, 일본어, 중국어 학원이 대다수이기 때문이다. 이를 제외한 독일어, 스페인어, 불어, 라틴어, 아랍어 등의 제2외국어 학원을 선택할 수 있는 범위가 좁다 보니 특정 학원에만 학생들이 몰리는 경우가 많았다. 수업료도 영어 학원보다 꽤 비싼 편이었다. 다행히 내가 거주하는 곳이 서울이라 몇 군데의 학원을 비교해가며 선택할 수 있었지만, 훗날 지방에 사는 친구들에게 들어보니 독일어 학원을 찾는 데 꽤 어려움을 겪었다고 한다. 거주지 인근에 관련 어학원이 없을 경우에는 굳이 어학원 수업 이수를 고집하지 말고, 인터넷 강의 등을 활용해 공부해 어학 시험에 응시하는 편이 오히려 낫겠다.

나는 독일어 학원에 다니면서 독일어를 공부하는 이들과 주기적으로 스터디 활동을 했다. 함께 공부했던 친구들은 이미 독일에 다녀온 후 아예 독일에 눌러 살고 싶어 하는 친구도 있었고, 독일로 교환 학생을 다녀온 후 독일어에 더욱 흥미를 갖게 된 친구도 있었다. 물론 나처럼 무작정 독일로 떠나고 싶어 어학 공부를 시작한 친구도 있었다.

* 관련 학과에 재학 중인 학생은 '재학증명서'로 대체할 수 있다.

독일어 학원에서 발급받은 어학능력증명서

Deutsch - Institut
http://www.seoul.kr

독일어학원
E-mail : seoul@bskseoul.kr

Teilnahmebestätigung

Name   Ho - Yeon Yang
geboren am   20. 02. 1990
in   Seoul, Korea

hat in der Zeit vom 01. 09. 2013 bis 29. 01. 2014 an einem Lehrgangkurs der deutschen Sprache teilgenommen. → 수업 이수 기간

Bezeichnung des Lehrgangs : Sprachkurs - Stufe (A1.2) → 이수 과정에 대한 어학 수준, 시간
Dieser Lehrgang umfasste 140 Unterrichtseinheiten.

Bemerkungen zum Lehrgang :

Grundstufen-Grammatik I / II → 수업에 사용된 교재 정보
Übersetzungskurs (Kurz und bündig)
Erste Schritte Lek. 1-4
Hörkurs und Schreibkurs A2 (Hören und Sprechen A1; Delfin, DaF kompakt A1-B1)

Name des Instituts : SEOUL DEUTSCH-INSTITUT → 수업을 이수한 어학원
Ort, Datum : Seoul, den 05. 02. 2014 → 증명서 발급 일자

Leiter des Sprachkurses

Diese Bestätigung ist ein Nachweis über die Teilnahme an einem Kurs. Sie hat keinen Zeugniswert. Die angegebene Lehrgangsbezeichnung entspricht der Beschreibung der Kursstufe im jeweils gültigen Jahresprospekt des SEOUL DEUTSCH-INSTITUTS.

, Yeoksam-dong, Gangnam-gu, Seoul, 135-080, Korea, Tel. 02-552- Fax. 02-

| 단기 문법
| 기초 다지기

독일어 수업을 일주일에 3회, 총 3개월에 걸쳐 수강했다. 단계마다 두 달 정도 수업이 진행되었으니 A2 과정을 진행하는 중에 독일로 떠난 셈이다. 처음 A1 단계에서는 문법 기초 과정과 말하기 과정을 동시에 신청해, 문법 기초를 다지고 발음을 익혔다. 그 후 A2 과정에서 문법 과정만 수강해 문법 이론의 부족한 부분을 집중적으로 보완했다. 평소 외국인과 대화하는 것에 두려움 없는 성격인 데다 말하기는 현지에서 '오리지널'로 터득하겠다고 다짐했기에, 한국에서는 문법 공부에 비중을 더 두었던 것이다.

실제로 현지에서는 문법을 공부하는 것보다 말하기 능력을 키우는 것만으로 시간이 부족했던 것 같다. 외국까지 나가 문법만 파고 있기에는 너무 아쉽지 않은가. 다만 본인이 수줍은 성격이거나, 발음에 대한 두려움을 안고 있다면 회화 과정을 수강하며 대화의 두려움을 깨는 것도 좋을 것이다. 무엇보다 성격이나 학습 유형을 고민해 자신에게 맞는 공부 방식을 찾는 게 우선이다.

이러한 '선택과 집중'으로 독일어에 매진한 결과, 나의 경우 약 3개월의 투자로 독일 오페어 비자를 취득할 수 있었다. 해외로 떠나기 전 더욱 탄탄한 어학 실력을 쌓는 것은 누구나 바라는 일이지만, 촉박한 일정과 부족한 실력으로 지레 겁먹고 포기할 필요는 없다는 얘기다. 시간이 얼마 남았든, 현재 실력이 어느 정도이든, 최선을 다하면 길이 보인다.

한국에서 3~4개월의 어학 공부가 해외 1년의 효율을 한창 높여줄 테니 즐거운 마음으로 집중!

어학 수준 책정 방식

독일어의 경우 A1을 시작으로 A2, B1, B2, C1, C2 까지 어학 수준을 책정해 부여하고 있다. A 단계는 일상생활에 필요한 표현을 이해할 수 있는 기초 수준을, B 단계는 자신이 표현하고자하는 것을 표현할 수 있는 중급 수준을, C 단계는 풍부한 표현력과 언어구사력을 갖춘 고급 수준을 뜻한다. 유럽 국가의 경우 대부분 이와 유사하게 어학 수준을 구분하고 있지만, 국가에 따라 조금씩 차이가 있으니 직접 확인해볼 필요가 있다.

| 어학 실력 쌓는 '앱' 스마트폰 애플리케이션(이하 앱)을 활용하는 것도 기초 어학 실력을 다지는 방법 중 하나. 나의 경우 앱을 통해 스터디 구성원 모집 공고를 보고 연락하기도 했고, 독일어를 공부하는 이들이 모인 커뮤니티에 함께 공부할 것을 제안하기도 했다. 앱을 활용하는 것이 더 흥미로웠던 이유는 함께 스터디하는 이의 국적이 비단 한국인만이 아니었기 때문이다. 다양한 국적의 친구들과 함께 공부할 수 있었다.

그중에서 특히 언어 교환(Language Exchange) 앱 덕을 톡톡히 봤다. 언어 교환 앱은 서로 언어를 교환하며 친구 관계를 맺고 공부하는 앱이다. 해당 앱을 이용하려면 회원 가입 시 성별과 나이, 거주 지역, 배움을 희망하는 언어, 언어 구사 능력 등을 설정해 프로필을 완성해야 한다. 그리고 나면 내가 '배우고자 하는 언어'와 '할 수 있는 언어'가 나와 정반대이거나 서로 언어를 교환할 수 있는 대상이 선별되어 앱에 표시된다. 나는 모국어를 한국어로, 배움을 희망하는 언어를 독일어로 설정해두었다.

그렇게 선별되어 나의 앱에 나타난 사람은 '니콜(Nicole)'이었다. 그녀는 모국어가 독일어였으며, 배움을 희망하는 언어가 한국어였다. 두 살 터울인 나와 니콜은 나는 어느새 친구가 되었고, 이런저런 이야기를 나누며 서로 공부하고 있는 부분에 도움을 주고받기 시작했다. 대화는 주로 영어로 이뤄졌지만, 서로의 학습에 필요할 때마다 독일어와 한국어를 적절히 섞어 사용했다.

언어 교환 소셜 네트워킹 앱 '헬로톡'

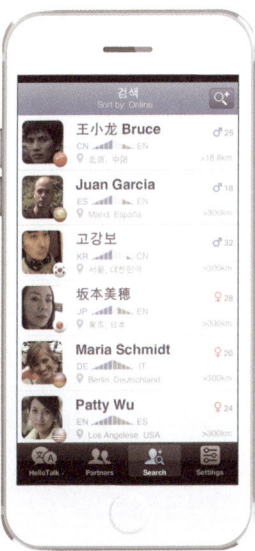

특히 '헬로톡(Hello talk)' 앱은 몇 가지 설정만으로도 다양한 기능을 활용할 수 있어 외국어를 공부하는 이들이 많이 사용한다. 사용자가 많은 만큼 100여 개 국가의 언어를 교환하며 공부할 수 있고, 대화하다가 친해지면 '카카오톡'이나 '페이스북' 친구를 맺어 메신저 기능을 활용해 대화를 이어나가기도 했다. '스카이프' 등을 활용해 영상 통화를 하며 더 많은 이야기를 나누기도 했다.

하지만 언어 교환 앱을 사용할 때는 꼭 주의해야 할 점이 있다. 앱을 활용해 전 세계인들과 친구가 될 수 있다는 점이 위험으로 이어질 수 있기 때문이다. 간단한 정보 입력만으로 이용 가능해서 신상 정보가 확보되지 않은 이들이 간혹 사기나, 사이버 성폭력 등 사이버 범죄를 목적으로 접근하는 사례가 있다. 따라서 언어 교환 앱을 활용할 때는 가급적 개인정보 등 신상 공개에 신중하고, 영상통화 등을 하기 전에는 충분히 대화를 나눠 상대방의 의도가 불순하지 않는지 미리 파악해야 피해를 줄일 수 있을 것이다.

오페어 자기소개서 **작성하기**

누군가에게 나를 소개하는 것만큼 어려운 일은 없을 것 같다. 성장 배경부터 생활환경, 성격, 좋아하고 잘하는 일, 못하고 싫어하는 일, 노력하고 이뤄온 일 등 나에 대한 모든 것을 섬세하고 흥미롭게 서술해야 하기 때문이다. 한국의 모든 '취준생'(취업준비생)들은 이 자기소개서 작성 때문에 한 번쯤 골머리를 앓아봤을 법하다. 나 역시 좁은 취업 문을 통과하기 위해 수없이 많은 '자소서'를 써봤지만, 외국어로 작성해야 하는 오페어 자기소개서는 압박의 무게가 또 달랐다.

| '영문 자소서'를
| 기본으로

독일 오페어가 되려면 호스트 가족과의 계약을 우선으로 체결한 뒤 비자를 신청할 수 있다. 따라서 무엇보다 나를 알릴 수 있는 자기소개서 작성이 선행되어야 하고, 그다음에 호스트 가족을

찾아야 한다. 솔직히 말하자면 나는 이 자기소개서 작성 과정을 감당할 자신이 없어 에이전시를 찾았던 것 같다. 두어 달 익힌 어학 수준으로 자기소개서를 작성한다는 건 아무래도 부담이 컸기 때문이다. 그나마 '세계 공통 언어'라는 영어가 낫겠다 싶어 우선 영문 버전 자기소개서를 작성해 보기로 했다. 영어 좀 하는가보다고? 전혀! 그나마 초등학교 때부터 접해왔으니 문장 읽고 듣는 데 부담이 덜 갔던 것뿐!

가장 먼저 포털사이트에 영문 자기소개서 작성 방법을 검색했다. 영문 자기소개서의 '영문'만 검색해도 연관 검색어로 '영문 자기소개서', '영문 이력서' 등이 줄줄이 떴다. 각종 카페의 취업 커뮤니티는 물론 블로그 등에 관련 게시 글이 넘쳐났다. 몇몇 이들은 국내 또는 해외 기업의 취업용으로 작성한 영문 자기소개서를 공개해 놓았다. 여기에 더해 이름만 채워 넣으면 언제든 사용할 수 있는 '편법용' 영문 자기소개서 파일도 저장해두었다. 이 '편법용' 파일을 그대로 쓰겠다는 생각은 애초부터 없었지만, 여기에서 몇 가지 표현들은 활용할 만했다. 최대한 많은 자료를 모아 그 안에서 핵심 영문 표현을 익히고, 구글 번역 시스템을 활용해 문장을 하나하나 조합해 나갔다.

무엇보다 나는 '얼마나 오페어로서의 자질이 충분한가'를 보여주는 데 집중했다. 오페어의 주된 업무가 아이를 돌보는 일인 만큼 얼마나 아이들을 좋아하고 잘 어울릴 수 있는지를 어필하고자 했다. 이런 이유로 유아 교육이나 청소년 교육 등의 관련 학과 학생이나 졸업생, 해당 분야에 종사했던 이들이라면 훨씬 더 높은 점수를 받을 수 있을 것이다. 나의 경우 아이를 돌본 경험이라고는 과거 석 달 동안 초등학생을 대상으로 하는 학원에서 시간제 근무를 한 것이 전부이다. 하지만 아이들에게 좋은 영향을 미칠 수 있는 긍정적이고 활기찬 성격 또한 이에 못지않은 장점이라고 생각했다. 여기에 등산이나 여행 등을 다니며 직접 찍어둔 사진을 함께 첨부했다. 어린 사촌 동생들과 찍은 사진, 학원 근무 당시 어린이들과 찍은 사진도 함께!

아래 내용은 자기소개서를 작성할 때 포함되면 좋을 항목을 정리한 것이다. 이 항목을 체크해가며 사신에게 꼭 어울리는, 빠짐없이 탄탄한 자기소개서를 작성해보자.

오페어 자기소개서에 작성하면 좋을 항목

- 이름, 나이, 사는 곳, 학교, 전공 등의 기본 정보
- 성장배경, 가족관계, 부모·형제·자매에 대한 소개
- 성격의 장·단점
- 평소 친구들과의 관계
- 오페어를 하려는 이유
- 해당 국가를 선택한 이유
- 아이를 돌본 경험
  (근무 경력, 봉사 활동 등을 적으면 좋지만, 경험이 없거나 부족할 경우에는 사촌 동생이나 조카, 친동생 등을 돌보며 느낀 생각을 서술해도 좋다.)
- 아이를 좋아하는 이유, 아이들과 어울릴 때 얻는 즐거움
- 취미
  (독서나 음악 감상 등의 정적인 취미를 적어도 상관없지만, 해외의 경우 수영이나 테니스 등의 레포츠를 즐기는 경우가 많으니 동적인 취미도 함께 적어주면 좋다.)
- 특기
  (아이들과 함께 즐길 수 있는 그림 그리기, 피아노 등의 악기 연주, 요리 등을 적는 것이 오페어를 원하는 호스트 가족에게 매력적으로 보일 수 있다.)
- 오페어의 삶에서 가장 기대되는 점
- 미래의 호스트 가족에게 하고 싶은 말

독일 친구의 뜻밖의 도움

인터넷의 도움으로 무사히 영문 자기소개서와 이력서를 작성했지만, 독일어 자기소개서와 이력서가 없다는 걸 생각하니 꽤 아쉬움이 남았다. 이왕이면 독일어로 멋지게 나를 소개하고 싶은데, 욕심만큼 능력이 따르질 않으니 답답할 수밖에. 고민 끝에 당시에 다니고 있던 독일어 학원의 강사에게 찾아가 자기소개서와 이력서 잘 쓰는 법을 물었다. 그러나 인터넷 검색이나 책을 활용해 작성하는 방법 말고는 알려줄 것이 없단다. 그러면서 자기소개서나 이력서를 대필해줄 수 있는데 일정액의 수수료를 내야 한다는 말을 덧붙였다. 오페어 중개 에이전시를 통하지 않고 혼자 해보겠다고 다짐해놓고 이제 와서 돈을 주고 대필한다는 건 내 자존심이 허락하지 않았다.

다시 노트북 앞에 앉아 머리를 쥐어짜기 시작했다. '독일어 이력서', '독일어 자기소개서', '영어-독일어 번역' 등 수많은 키워드 검색과 구글 번역시스템을 활용해 독일어 단어와 문장 조각들을 조합해나갔다. 이렇게 완성된 자기소개서가 마음에 들 리 없었다. 나부터도 이해할 수 없는 이 글을 누가 이해할 수는 있겠나, 하는 고민에 머리가 아프기 시작했다.

한참 머리를 쥐어짜고 있던 그때, 휴대전화 메시지 알람이 울렸다. "상쾌한 아침 출근길, 좋은 하루를 보내라"는 독일인 친구 니콜(Nicole)이었다. 그때 멍하던 정신이 확 들었다. 아! 내게 앱으로 만난 독일인 친구가 있었지? 니콜에게 SOS를 요청하면 어떨까?

"내가 지금 호스트 가족을 찾는 데 필요한 자기소개서를 작성하고 있는데, 내 독일어 실력으로는 좀 무리인 듯해. 그래서 먼저 영문 자기소개서를 작성하고, 이걸 내 나름대로 독일어로 옮겨봤어. 그런데 영 마음에 들지 않아. 아마 네가 이해할 수 있을지는 모르겠지만, 내가 작성한 이력서와 자기소개서를 한 번 읽어봐 줄 수 있겠니?"

사실 그녀가 날 도와준다는 데 대한 큰 기대는 없었다. 차갑고 무뚝뚝하기로 소문난 독일인이 아니던가? 그런데 그 후로 30분쯤 지났을까. 웬걸! 몇 주 동안 고민하고 머리를 쥐어짜 낸, 엉터리 단어들의 집합이 완벽한 자기소개서가 되어 돌아왔다. 물론 나를 응원한다는 니콜의 따뜻한 메시지도 함께!

"이력서와 자기소개서 잘 읽어봤어. 네가 쓴 영문 버전 이력서와 자기소개서를 토대로 다시 독일어로 옮겨봤어. 너의 독일어 자기소개서는 무슨 말을 하려는지 잘 전달되지 않으니 이걸 사용해 보도록 해. 아마 호스트 가족도 네가 독일어를 하지 못하는 걸 이해해 줄 테니 너무 걱정은 하지 마."

그녀가 도와준 이력서와 자기소개서는 정말이지 완벽했다! 독일인이 쓴 독일어이니 완벽할 수밖에. 작은 인연의 끈이 언제든 내게 기회로 돌아올 수 있다는 걸 절실히 느낀 순간이었다. 독일에 가면 그녀를 찾아가 꼭 감사 인사를 해야겠다는 생각이 머릿속을 채웠다.

오페어 자기소개서(예시)

수많은 수정을 거쳐 탄생한 나의 '독일어 버전 자기소개서'다. 내가 호스트 가족을 찾는 데 결정적 역할을 한 고마운 존재다. 아래 내용을 참고해 자신을 잘 표현할 수 있는 자기소개서를 작성해 보도록 하자.

Liebe Familie,

친애하는 가족에게

Mein Name ist Ho-yeon Yang. Ich schreibe Ihnen um etwas über mich zu erzählen und um die richtige Familie zu finden, mit der ich das nächste Jahr verbringen werde.

제 이름은 양호연입니다. 오는 한 해 동안 오페어로 함께 생활할 수 있는 호스트 가족을 찾기 위해, 저에 대해 소개하고자 합니다.

Mein Name bedeutet "Lotusblüte auf dem Wasser" und ich würde mich sehr freuen, wenn sie mich einfach Yang nennen würden. Ich bin 25 Jahre alt und Lebe in Korea.

제 이름의 뜻은 '호수 위의 연꽃'입니다. 만약 제 이름이 어렵다면 간단하게 '양'으로 불러주셔도 좋습니다. 저는 한국에 살고 있으며, 스물다섯 살입니다.

Meine familie besteht aus meine eltern und mein bruder, der fünf jahre jünger als ich ist. Meine Familie ist für mich sehr wichtig.

제게는 부모님과 저보다 다섯 살 어린 남동생이 있습니다. 저에게 가족은 무척 중요한 존재입니다.

Wie ich bin? Nun, ich versuche immer fröhlich, freundlich und hilfsbereit zu anderen Menschen zu sein. Ich bin anfangs etwas schüchtern, aber ich lerne schnell Leute kennen und habe viele Freunde im Bekanntenkreis und aus der Schule (Studium).
저는 어떤 사람이냐고요? 전 다양한 경험을 좋아하며, 다른 사람들에게 친근감을 가지고 협력하며 지내는 것을 좋아합니다. 물론 처음 만났을 때는 수줍음이 있긴 하지만, 학교와 직장에서도 사교성이 좋아 주변 사람들과 잘 어울립니다.

Ich habe im Moment nicht genug Zeit für Hobbys, da das Lernen für das verbessern der Deutschen Sprache die letzten Wochen im Vordergrund stand. Ich mache aber gerne Wandern, Walking und Kochen.
저는 등산과 산책, 요리를 좋아합니다. 하지만 지난 몇 주 동안 독일어 실력을 향상하기 위해 취미 생활을 할 만한 충분한 시간이 주어지지 못했습니다.

Ich studierte an der Universität der Medieninhalte. Um mein Leben nach dem Studium als Journalistin zu beginnen. Während meines Studiums arbeitete ich ehrenamtlich im Kindergarten und mit Lehrgrundschüler in der Schule, was mir sehr viel Freude bereitet hat und mich zum Entschluss brachte Au Pair in Deutschland zu werden.
저는 대학에서 미디어학과를 전공했습니다. 그리고 학교를 졸업한 후에는 기자 일을 시작했습니다. 제가 학교에 다니는 동안에는 유치원이나 학원 등에서 자원봉사를 하거나 시간제 근무를 했습니다. 그러면서 즐거움을 느꼈고, 이는 독일 오페어로 떠나겠다고 마음먹은 동기가 되기도 했습니다.

Ich könnte noch viel über mich erzählen, aber ich denke, wir haben dazu noch genügend Zeit, wenn ich in Ihrer Familie lebe. Sicher fragen Sie sich, welche Erfahrungen ich in der Kinderbetreuung habe, damit Sie mir auch guten Gewissens Ihre Kinder anvertrauen können?

아마 당신은 저에게 당신의 자녀를 맡기고 나면 어떻게 아이를 돌볼지 궁금하실 것입니다. 나에 대해 많은 것을 설명하고 싶지만, 당신의 가족 구성원으로 지내며 충분한 시간을 겪고 나면 저에 대해 더 많은 것을 알게 될 것입니다.

Ich habe oft Nachhilfe gegeben und auch Babysitting gemacht. Ich habe in den Ferien manchmal im Kindergarten gearbeitet und unter Anleitung der Erzieherinnen mit den Kindern gespielt, gemalt, war mit den Kindern schwimmen oder bei Ausflügen. Das hat mir immer sehr viel Spaß gemacht und ich denke, dass ich auch einen leichten Zugang zu Kindern finde.

저는 종종 아이 돌보는 일을 했습니다. 시간이 있을 때 유치원에 봉사활동을 가거나 학원에서 아이들을 지도한 적이 있습니다. 아이들과 함께 산책, 그림, 수영 등을 하기도 했습니다. 이러한 경험으로 인해 제가 아이들과 잘 지낼 수 있을 것이라고 생각합니다.

Ich wünsche mir eine Familie mit Familienanschluss, die mich in ihr Leben integriert wie eine große Tochter. Ich kann mit ihren Kindern spielen, ihnen kleinen Gerichte kochen und ihnen auch bei den Hausaufgaben helfen, wenn sie bereits in die Schule gehen. Ihre Familie kann ich unterstützen, indem ich Ihnen gerne bei leichter Hausarbeit behilflich bin.

저는 호스트 가족의 큰딸 같은 역할을 하고 싶습니다. 아이들과 함께 놀기도 하고 요리도 하며 친밀하게 지내고 싶습니다. 아이들이 숙제하거나 어려운 일이 생길 때는 도와줄 준비도 되어 있습니다. 가벼운 집안일이 있다면 함께 도울 생각입니다.

Heimweh? Ich reise gerne und bin sehr interessiert an fremden Kulturen und Menschen. Da ich ein aufgeschlossener Mensch bin, denke ich, dass ich sicher kein Heimweh bekommen werde. Ich freue mich schon sehr auf Sie und Ihre Familie und bin sicher wie werden eine tolle Zeit gemeinsam verbringen.

저는 여행하거나 다른 문화를 체험하는 것을 즐기기 때문에 향수병에 대한 고민을 하지는 않습니다. 당신과 당신의 가족과 함께 보낼 좋은 시간을 소망합니다. 함께 좋은 추억들을 만들며 좋은 시간을 보낼 수 있기를 기대합니다.

Liebe Grüße
축복을 바라며

Ho-yeon Yang
양호연

오페어 커뮤니티 사용설명서

이제 우여곡절 끝에 완성한 자기소개서를 세상에 내놓을 시간이다. 그런데 어디에 공개해야 내가 원하는 조건의 호스트 가족을 만날 수 있을까. 아마도 오페어로 떠나겠다고 마음먹은 이들의 가장 큰 고민은 호스트 가족을 어디에서, 어떻게 만날 것인가에 대한 것이다.

| 오페어-호스트 매칭 사이트

처음 해외로 떠나 살겠노라 다짐했을부터 의문스러운 부분을 인터넷으로 검색해보곤 했다. 호기심으로 검색해본 정보들이 쌓이면서 점차 윤곽을 만들고, 나의 목표와 꿈도 점차 구체화돼갔다. 여기에는 한 번 물면 놓지 않는 특유의 기자 정신도 한몫한 것 같다. 어쨌든 누구에게도 지지 않을 만큼 정보를 검색하면서 눈으로 슬쩍 읽고 넘긴 정보들까지 나도 모르는 사이 머릿속에 각인되었나 보다. 자기소개서

를 업로드할 곳을 고민하다가 문득 해외 사이트에서 보았던 오페어 구인·구직 커뮤니티가 떠올랐다. 이런 사이트의 존재를 아예 몰랐다면 감히 나 혼자 호스트 가족을 찾겠다는 용기는 가질 수 없었을지도 모른다.

다시 그 사이트를 찾기 위해 몇 달 전 검색했던 오페어 관련 키워드를 입력하며 발자국을 따라가듯 연관 검색을 하기 시작했다. 꼬리 물기 식으로 몇 개의 사이트를 건너 움직이니 몇몇 오페어 커뮤니티에 접속할 수 있었다. 이곳들의 가장 뚜렷한 특징은 오페어의 구인·구직이다. 홈페이지 구성은 우리나라의 '사람인'이나 '잡코리아'쯤으로 생각하면 된다. 오페어 희망자는 간단한 기본 정보를 입력한 후 희망하는 국가와 지역, 자기소개서 등을 첨부해 구직 글을 설정·게시할 수 있다. 호스트 가족이 되기를 원하는 이들 역시 현재 거주하고 있는 국가와 지역, 자녀를 비롯한 가족 소개, 희망하는 오페어의 조건 등을 첨부한 구인 글을 설정·게시할 수 있다. 이를 통해 오페어 희망자와 호스트 가족은 각각 상대방의 정보를 살펴볼 수 있으며, 희망하는 조건(거주 국가, 지역, 자녀 수, 출신 국가, 나이, 흡연 여부 등)에 상대가 부합할 경우 쪽지 보내기 기능을 활용해 대화를 시작할 수 있다.

자기소개서 업로드하기

이런 기능의 오페어 구인·구직 커뮤니티 중 복잡하지 않으면서 가장 이용하기 쉬운 곳에 자기소개서를 업로드하기로 했다. 내가 영어나 독일어에 익숙하지 않아서 복잡한 구성은 이해하기 어렵고, 사이트 관리가 잘 이뤄지지 않는 곳도 꽤 있었다. 가장 이용하기 쉽고 이용자도 많은 데다 가장 활성화돼 있는 사이트가 바로 '오페어월드(www.aupairworld.com)'였다. 수많은 호스트 가족이 기다리는 그곳이 해외 생활을 꿈꾸는 나에게 오아시스 같은 존재였다.

이 사이트는 관리자가 이메일을 통해 주기적으로 다양한 정보를 보내주고, 자신을 나타내는 정보를 작성·게시하는 과정 또한 체계적으로 잘 구성되어 있다. 또 외국어에 익숙하지 않아도 이용하는 데 어려울 것이 없는 형식이다. 무엇보다 많은 오페어 희망자와 호스트 가정이 해당 커뮤니티를 이용하고 있어 구인·구직 소식이 빠르게 업데이트된다는 점이 마음에 들었다. 덕분에 호스트와 오페어가 매칭되는 시간이 줄어들면 한결 효율적인 것 아닌가.

이제 이 오페어월드*를 기준으로 오페어 구인·구직 커뮤니티 이용법을 알아보도록 하자. 다음에 이어지는 내용은 회원가입부터 호스트 가족과 연락하는 과정까지 총망라한 것이다.

※ 오페어월드는 영어, 프랑스어, 이탈리아어, 독일어, 스페인어, 네덜란드어 등의 언어를 선택해 이용할 수 있다.

오페어월드 사이트의 메인 화면. 카테고리가 일목요연하게 구분되어 있어 홈페이지 이용이 편리하다.

회원가입 정보가 곧 자기소개서

오페어월드를 이용하려면 가장 먼저 회원가입을 해야 한다. 회원가입은 크게 3단계로 나뉘는데, 이 과정이 호스트 가정을 구하는 데 가장 결정적인 영향을 미친다. 일반적인 온라인 홈페이지 회원가입 방식과는 달리, 이곳은 회원가입 과정에서 나의 모든 것을 설명해야 한다. 쉽게 말해 자기소개서를 업로드하는 일이 곧 회원가입이라고 생각하면 된다. 회원가입의 1·2단계에서는 질문에 주어진 보기 중 골라 선택하는 방식이고, 3단계에서 본인이 작성한 자기소개서를 복사해 붙여넣어야 한다. 아래 정보는 회원가입 과정을 순차대로 적어놓은 것으로, 외국어에 취약한 사람이라면 순서대로 따라 하기만 하면 된다.

> Step1. 이름과 성, 생년월일, 성별, 이메일 주소, 국가와 사는 곳, 국적, 연락처, 오페어 근무 여부, 면허증 소유 여부, 흡연 여부, 언어 능력(모국어를 포함해 유창하게 구사하는 언어) 선택, 기본 지식을 가지고 있는 언어 선택, 암호 재설정에 따른 보안 질문, 약관 동의
>
> Step2. 오페어 희망 국가(5개 미만 국가) 선택, 희망 도시 규모(대도시, 중도시, 소도시), 특별히 희망하는 도시, 집안일 도움 여부, 단일부모 영향 여부, 호스트 가족 중 흡연자 유무 여부, 장애아동 돌봄 희망 여부, 희망하는 아이의 연령, 오페어 희망 시기, 오페어 활동을 시작할 수 있는 시기, 희망 근무 기간 (1~24개월)
>
> Step3. 자기소개서(가족에게 보내는 편지, 나의 소개, 오페어를 왜 하고 싶은가?)

마음에 드는 호스트 가족 찾기

회원가입을 완료하면 오페어를 찾는 호스트 가족이 나의 정보를 열람할 수 있도록 할 것인지, 비공개로 할 것인지 여부를 선택할 수 있다. 나의 경우 오페어를 찾고 있는 모든 호스트가 내 정보를 볼 수 있도록 열람 허용 설정을 해두었다. 하지만 연락이 오도록 마냥 기다리고 있을 수

만은 없는 법. 기왕이면 내가 원하는 생활환경 여건과 부합하는 호스트 가족이면 더할 나위 없겠다 싶어 나 역시 다양한 호스트들의 정보를 열람해보기로 했다.

오페어월드 사이트는 언어 선택과 사이트 소개를 제외한 두 가지로 메뉴로 구성되어 있다. 'For au pairs'와 'For host families'로, 곧 오페어 희망자를 위한 메뉴와 호스트 가족을 위한 메뉴다. 오페어를 위한 메뉴는 'Find a family(호스트 가족 찾기)', 'Info host countries(호스트 국가 정보)', 'Au pair A-Z(오페어에 대한 정보)' 등으로 구성되어 있다.

호스트 가족 정보를 살펴보기 위해 '호스트 가족 찾기' 메뉴를 선택하려면, 먼저 나의 국적과 성별, 그리고 선호하는 국가를 설정해야 한다. 차례대로 'South Korea', 'female', 'Germany'를 선택하니 조건이 일치하는 가족이 348개 정도 나왔다. 이렇게 검색된 가족은 내가 선호하는 조건과 호스트 가족이 선호하는 조건(출신 국가, 성별, 오페어 희망 국가)이 일치한다는 뜻이다.

이제 더욱 구체적인 조건을 살펴볼 차례. 오페어를 찾는 호스트 가족이 작성한 게시 글에는 사진과 이름, 국가, 자녀 수와 아이들의 나이, 계약을 희망하는 시기 등으로 구성되어 있다. 프로필이 흥미롭다면 '정보 더 보기' 기능을 활용할 수 있는데, 이곳에서는 오페어 희망자가 회원가입 시 당시 작성했던 '가족에게 보내는 편지', '나의 소개', '왜 오페어가 하고 싶은가?'처럼, 호스트 가족이 작성한 '오페어에게 보내는 편지', '가족 소개', '기대하는 점'에 관한 글을 읽을 수 있다. 여기에 오페어의 흡연 여부, 운전면허증 소유 여부 등 호스트가 원하는 오페어의 조건을 살펴볼 수도 있고, 한부모 가정 또는 장애 아동 양육 여부 등 호스트 가족의 정보도 알 수 있다.

호스트 가족의 정보를 열람한 후 직접 연락하고자 한다면 'Add to favorites(즐겨찾기)' 기능을 활용해 저장해 두거나 'Print profile(출력)', 'Personal notes(메모)'를 할 수 있으며 'Send message(메시지 보내기)' 버튼을 눌러 곧바로 메시지를 보낼 수도 있다. 가족에게 메시지를 보냈는데 '혹시 안 읽지는 않을까?' 걱정할 필요는 없다. 가족 프로필에서 최종 로그인 날짜와 오페어들로부터 받은 메시지 수, 답변율까지 공개돼 있어 한눈에 볼 수 있기 때문이다. 만약 해당 사이트에 2개월 이상 로그인하지 않으면, 오페어든 호스트든 자동으로 정보 및 계정이 삭제되니 참고해야 한다.

이 밖에 참고할 만한 오페어 구인·구직 사이트

- 웹오페어포털 www.web-aupair.net
- 오페어케어 www.aupaircare.com
- 파인드어오페어 www.findaupair.com
- 뉴오페어닷컴 www.newaupair.com

호스트 가족과 **떨리는 인터뷰**

사이트에 자기소개서를 업로드하고 일주일쯤 지났을까? 사이트 가입 시 입력해두었던 이메일을 통해 한 호스트 가족으로부터 메시지가 도착했다는 알람이 울렸다. 바로 사이트에 접속해 메시지 함을 확인하니 독일 프랑크푸르트에 살고 있는 한 가족으로부터 메시지가 도착해 있었다. 메시지를 보낸 사람은 두 아이의 엄마이며, 내가 올려둔 자기소개서가 흥미롭게 느껴져 연락했다고 했다. 그러면서 자세한 이야기는 이메일을 통해 하자면서 이메일 주소를 첨부했다. 호스트로부터 받은 첫 메일이라 그런지 '잘하고 있다!'는 안도감과 설렘이 교차했다. 해당 가족과 자세한 이야기를 나누기에 앞서 나도 가족의 프로필을 읽어보기로 했다.

호스트 가족의 프로필 살피기

오페어에게 보내는 편지

We are looking for a warm heart girl who loves children. We are open to accept you as part of our family. We help to learn the culture, languge and tradition of Germany.

우리는 따뜻한 마음씨를 가지고 아이를 돌봐줄 오페어를 찾습니다. 우리 가족의 일부로 받아들일 준비가 되었습니다. 우리는 당신이 독일 문화와 언어, 전통 등을 알아가도록 도울 것입니다.

가족 소개

Wir sind eine Familie mit 4 Personen, ich komme aus Hong Kong, mein Man ist Deutscher. Wir haben zwei Jungs, Aidan(3 J)&David(1 J). Mein Mann und ich sind beide beruftätig, und wir brauchen Unterstützung für die Kinderbetreuung während wir beide an der Arbeit sind.

Wir haben ein Haus in Frankfurt. Erdgeschoss mit Wohnung, Essbereich, Küche und Arbeitszimmer. 1. Stock mit 2 Kinderzimmer und Au-pair Zimmer, Bad. 2.Stock Schlafbereich der Gasteltern.

우리 가족은 4명입니다. 나는 홍콩에서 왔고, 나의 남편은 독일인입니다. 우리에게는 만 3세의 Aidan(에이든)과 만 1세의 David(다비드), 두 아들이 있습니다. 남편과 나는 일을 하고 있습니다. 우리가 직장에 있는 동안 당신의 보육 지원이 필요합니다.
우리 집은 프랑크푸르트에 있으며, 1층에는 거실과 주방, 서재 등이, 2층에는 두 아이 방과 오페어 방, 욕실이 있습니다. 3층은 우리 부부의 공간입니다.

기대하는 점

Kinder zum kindergarten hinbringen und abholen, einfaches Essen für die Kinder vorbreiten, Kinderzimmer Spiezeug aufräumen, Kinderwäsche in die Waschmachine und Trockner laden. Wir haben eine Putzfrau, Reinigungsarbeiten sind nicht erforderlich.

아이들을 유치원에 데려다주고 데려오기, 아이들에게 간단한 요리해주기, 아이 방 정리하기(청소가 아닌 장난감 등을 정리하는 일), 자신의 방 정리하기, 식기 세척기 작동하기, 아이 옷 세탁기와 건조기 작동시키기 등. 우리에게는 가사도우미가 있어 직접 청소할 필요는 없습니다.

    프로필을 읽어보고 해당 가족이 나와 잘 맞을 것 같다는 생각이 들었다. 물론 좀 더 이야기를 나눠봐야겠지만, 일단 몇 가지 조건이 무척 마음에 들었다. 내 독일어 실력이 기초 수준인데 만 1~3세의 아이들과 함께 어학 실력을 키울 수 있고, 무엇보다 집이 프랑크푸르트에 위치한 점이 좋았다. 나는 독일에 거주하면서 시간 날 때마다 유럽 주변국으로 여행을 떠날 생각이라 교통 인프라와 접근성도 중요한 조건 중 하나였다. 프랑크푸르트는 한 번 가본 적이 있어 낯설지 않은 데다가 공항을 비롯해 기차, 버스 등의 교통 인프라가 잘 발달해 있다.
    일단 가족과 연락해 좀 더 자세히 이야기를 나눠보기로 했다. 가족에게 보내는 첫 메일이라 몇 번을 썼다 지웠다 반복했는지 모른다. 먼저 내가 하고 싶은 말들을 솔직하게 전하기로 했다.

"안녕하세요. 양호연입니다. 우선 제게 메시지를 보내주셔서 감사합니다. 처음 당신의 이메일을 보고 얼마나 기쁘고 설레었는지 모릅니다. 사실 저는 독일어를 잘하지 못합니다. 현재 한국에 있는 독일어 학원에 다니며 공부하고 있지만 문법 위주의 공부라 말하기에는 더 어려움이 따릅니다. 제가 작성한 독일어 자기소개서는 수차례 혼자 써보기를 시도했지만, 오랜 시간을 허비할 뿐 어려움이 많았습니다. 그래서 저의 독일인 친구의 도움을 받아 작성하였습니다. 저의 독일어 실력은 아주 기초 수준인 A1.2 정도이며, 영어의 경우 일상생활에서 하는 대화는 잘 알아듣지만 어휘나 문장 구사력이 좋은 편은 아닙니다. 저의 독일어와 영어의 수준을 솔직하게 알리는 게 옳다고 생각해 이렇게 말하게 되었습니다.

저는 정말 독일 오페어의 삶을 꿈꿉니다. 독일 문화를 가장 가까이에서 체험하고, 지속적으로 독일어 공부를 하고 싶습니다. 호스트 가족과 함께 공감하며 즐거운 추억을 만드는 게 제가 바라던 일입니다. 특히 저는 어린이를 무척 좋아하기 때문에 오페어로서의 삶에 기대가 더욱 큽니다. 아이들과 즐겁게 이야기를 나누고, 창의적으로 노는 시간을 보낼 자신이 있습니다. 저는 다음 달인 2월부터 4월 안에 독일 오페어로 떠나고 싶습니다. 가족이 희망하는 시기와 일치한다면 그에 맞춰 떠날 준비가 되어있습니다. 1년 동안 좋은 추억을 만들어 보고 싶습니다. 감사합니다."

내 마음을 솔직히 전달한 장문의 이메일을 보내고 나니 한결 후련

했다. 친구가 도움을 준 자기소개서의 실체(!)가 탄로 날까 우려할 일도 없었다. 1년 동안 가장 가깝게 보낼 이들이기 때문에 무엇보다 솔직하게 나의 상황을 말하는 것이 정답이라고 생각했다. 그리고 다음 날, 곧바로 그녀의 답변을 받을 수 있었다.

"이메일 잘 받았습니다. 이번 주 안으로 '스카이프'로 영상통화할 수 있을까요? 당신에 대해 조금 더 알고 싶고, 당신 또한 우리 가족에 대해 더 잘 알 수 있는 기회가 되리라 생각합니다. 만약 우리가 서로 좋은 감정을 갖게 된다면 우리는 당신이 2월에 집에 오기를 희망합니다."

우리는 서로의 스카이프 아이디를 공유하고, 바로 다음 날 인터뷰 하기로 했다. 우리나라와 독일은 8시간(썸머타임에는 7시간)의 차이가 있어, 인터뷰 시간을 정하는 데도 난감했다. 결국 부부가 일을 마치고 집에 돌아온 오후 5시, 우리나라 시간으로는 자정에 대화를 나누기로 했다. 당장 내일 자정이라니! 인터뷰는 물론 영어로 진행하기로 했지만, 어떤 질문을 할까, 어떤 대답을 해야 할까, 말을 더듬으면 어떡하지, 하는 고민으로 하루를 꼬박 지새웠다. 당황한 탓에 제대로 답을 하지 못하는 상황에 대비해 예상 질문을 노트에 적어두고, 그에 따른 답변을 써놓았다. 이 밖에도 각종 오페어 관련 해외 커뮤니티를 중심으로 오페어가 호스트 가족으로부터 받은 주요 질문들을 찾아 정리해두었다.

| 오페어
| 실전 인터뷰

하루가 지나 약속 시간이 된 자정, 책상에 앉아 노트북을 켰다. '스카이프'에 접속하니 약속대로 호스트 가족의 엄마가 영상통화를 걸어왔다. 얼마나 긴장했던지 간단한 첫인사를 나누는데도 말이 잘 나오지 않아 진땀을 흘렸다. 인터뷰는 예상했던 질문 위주로 진행됐다. 이제까지 어떤 날들을 보내고, 어떤 공부를 해왔고, 앞으로 하고 싶은 일은 뭔지, 아이들을 얼마나 좋아하는지, 특별히 독일에 오고 싶은 이유는 무엇인지 등. 예상했던 질문이라 그럭저럭 대답하기는 했지만, 이마저도 잘 생각나지 않아 무척 더듬으며 말했던 것 같다. 부족한 영어 실력이 아쉽고, 또 아쉬웠다. 20~30분 정도의 시간이 흘렀고 인터뷰가 마무리되어 갈 때쯤 나는 용기 내 그녀에게 차분히 이야기했다.

"어떻게 말을 해야 할지 잘 모르겠습니다. 내 생각을 잘 표현하고 싶은데 어학 실력이 부족한 탓에 어렵게 느껴집니다. 그래도 분명한 건 나는 도전하고 싶은 것들이 무척 많습니다. 새로운 경험을 해보고 싶고, 나태해졌던 자신을 변화하는 시간이 되기를 희망합니다. 오페어는 아이를 좋아하는 나에게 최적의 기회라고 생각합니다. 당신의 아이들을 좋아하고 사랑할 준비가 되었으니, 좋은 경험의 기회를 주세요."

인터뷰가 끝나 대화창을 종료하고 "악!"하고 소리를 질렀다. 왜 그렇게 바보같이 말했을까, 왜 더듬었을까, 제대로 나를 표현하지 못한 자신이 한심스럽게 느껴졌다. 그리고 더 많이 공부해야겠다는 생각도 들었다.

그렇게 인터뷰한 밤이 지나고 날이 밝았다. 어제 진행했던 인터뷰를 떠올리며 혹시 메일이 도착하지 않았을까 기대하며 이메일 수신함을 열었다. 반신반의하며 열어본 수신함을 보고는 다시 한 번 "악!". 그녀와 그녀의 남편으로부터 이메일이 도착해 있었다.

"당신과 통화할 수 있어 무척 반가웠어요. 우리는 당신이 우리 집에 오페어로 와서 1년을 함께 보내면 좋겠다는 생각을 했어요. 현재 우리 집에는 중국인 오페어가 있는데, 그녀와의 계약이 오는 2월 끝나요. 2월부터 우리 집에서 오페어를 시작할 수 있을까요? 우리 집에서 12개월 동안 함께 머물며 당신이 편안하게 지낼 수 있기를 바랍니다. 우리의 가족사진을 첨부하니, 만약 당신이 우리의 제안을 받아들인다면 연락해주세요. 계약서를 작성하도록 합시다."

됐다, 드디어 됐다! 가족으로부터 받은 메일을 보고 무척 기뻤다. 혼자 할 수 없다고 걱정했던 지난날의 내 모습이 떠오르니 가슴이 벅차고 감동적이기까지 했다. 우선 어학 실력이 부족한 내가 혼자의 힘으로 호스트 가족을 찾았다는 점이 뿌듯했고, 어렵다고 생각했던 일이 생각보다 쉽게 풀리는 것 같아 자신감도 들었다. 하고 싶은 일이 있다면 생각에 그치지 말고 적극적으로 뛰어들라던, 시작이 반이라는 말도 괜히 있는 게 아니구나 싶었다. 프랑크푸르트에 위치한 집과 주어진 일의 조건 등이 모두 마음에 들었는데, 이렇게 일이 성사되다니! 호스트 가족에게 연락해 고맙다는 인사를 하고, 계약서를 보내주길 바란다는 말을 덧붙였다.

인터뷰 단골 질문

오페어와 호스트 가족은 주로 '스카이프'를 활용해 영상통화하며 인터뷰하는 경우가 많다. 이메일을 주고받을 때와는 달리 얼굴을 보거나 전화로 이야기할 때는 생각하지 못한 질문에 당황할 소지가 크다. 따라서 호스트 가족의 예상 질문을 미리 숙지하고 어떻게 답변할지를 생각해두는 것이 좋다.

만약 예상하지 못한 질문을 받았을 경우 솔직하게 자기 생각을 표현하는 것이 좋고, 표현력이 부족해도 겁내거나 소극적으로 임할 필요는 없다. 오페어는 아이들을 돌보는 것이 임무이기도 하지만, 무엇보다 문화를 체험하고 어학 실력을 키우기 위해 마련된 제도이기 때문에 언어가 취약하다고 해서 주눅이 들 필요는 없다.

아래 내용은 해외 오페어 관련 커뮤니티에서 꼽는 '호스트가 가장 많이 하는 질문'을 영문으로 정리한 것이다.

- **Have you worked as an au pair before?**
  이전에 오페어로 일한 적이 있습니까?

- **Have you already been an au pair in this host country and did you get to know the local customs and habits?**
  오페어로 떠난 호스트 국가의 관습을 알고 있습니까?

- **Do you like children? What kind of experience do you have in childcare?**
  당신은 아이를 좋아합니까? 어떤 보육 경험을 가지고 있습니까?

- **Can you help them with their homework?**
  아이들의 숙제를 도와줄 수 있습니까?

- Have you any experience in babysitting?
  아기를 돌본 경험이 있습니까?

- Have you been taking care of children for a longer period of time?
  오랜 시간 동안 아이들을 돌본 경험이 있습니까?

- Are you a person who likes to take responsibility?
  당신은 책임감을 가지고 있는 사람입니까?

- How would you describe yourself?
  당신은 어떤 사람입니까?

- What are your strengths and weaknesses?
  당신의 강점과 약점은 무엇입니까?

- Imagine that you are free for two hours to play with the children. What kind of activities would you have in mind?
  두 시간 동안 아이들과 자유롭게 논다고 생각해보세요. 어떤 놀이를 할 생각입니까?

- What would you do should they not listen to you?
  아이들이 당신의 말을 듣지 않는다면 어떻게 할 것입니까?

- Do you have a boyfriend/girlfriend?
  남자친구나 여자친구가 있습니까?

- Does he/she support your idea of becoming an au pair?
  남자친구나 여자친구는 당신이 오페어로 떠나는 것을 지원합니까?

- Do your family and friends support your idea of becoming an au pair?
  당신의 가족과 친구들은 당신이 오페어가 되는 것을 지원합니까?

- Can you communicate well with us and our children(do you master our language)?
  당신은 우리 또는 우리 아이들과(우리의 언어를 잘 습득하고) 의사소통을 잘할 수 있습니까?

- What are the things you are planning to do in your host country?

  당신이 호스트 국가에서 실천할 계획은 무엇입니까?

- What are your hobbies?

  당신의 취미는 무엇입니까?

- For how long can you come to us? When is it possible for you to start?

  우리에게 오기까지 얼마나 걸리며, 언제부터 오페어를 시작할 수 있습니까?

- Are you prepared to go on a holiday with us minding the children during this time?

  우리와 함께 휴가를 가서 이 기간 동안 아이들을 돌볼 수 있습니까?

- What dishes could you prepare for our children?

  아이들을 위해 어떤 요리를 할 수 있습니까?

- Should you be a vegetarian, will you nevertheless be able to prepare meat dishes for the children?

  만약 당신이 채식주의자라고 해도, 아이들에게 고기 요리를 준비해줄 수 있습니까?

- What is your favourite food?

  가장 좋아하는 음식은 무엇입니까?

- Do you have any allergies against certain foods?

  당신은 알레르기가 있는 특정한 음식이 있습니까?

- Do you smoke?

  흡연하십니까?

- Are you prepared to help with light housework?

  간단한 가사 일을 도울 수 있습니까?

- Do you have a driving licence which is valid in your host country?

  호스트 국가에서 유효한 운전면허증이 있습니까?

- Do you have much driving experience?

  많은 운전 경험이 있습니까?

- Do you like pets?

  애완동물을 좋아하십니까?

- Are you prepared to walk our dog?

  당신은 개를 산책시킬 수 있습니까?

- Have you already applied for your visa?

  당신은 이미 비자를 취득했습니까?

- When can you come to us?

  우리에게 언제 올 수 있습니까?

오페어 계약서 **꼼꼼히 뜯어보기**

이제, 지금까지 해왔던 것보다 더 똑 부러지고 꼼꼼하게 행동해야 할 시간이다. 사실 나는 독일로 떠날 수 있게 된 것만으로도 좋았다. 더군다나 잠잘 곳까지 보장되니 더 바랄 것도 없었다. 그런데 호스트 가족과 계약하기로 한 순간이 되자 문득 걱정되기 시작했다. 오페어 경험자로서 나에게 조언해주었던 블로거도 계약서는 특히 꼼꼼히 살펴봐야 한다고 했다. 또 각종 해외 사례를 살펴보니 계약서를 꼼꼼하게 따져보지 않아 도중에 호스트 가족 집에서 나오는 등 계약을 파기한 사례가 더러 있었다. 예를 들어 가사 일에 대한 부분을 명확하게 논의하지 않고 계약서를 작성했다가 청소부 신세가 되어버리거나, 지나치게 오랜 시간 아이를 돌봐야 하거나, 애완동물 관리, 노인을 돌보는 것까지 책임지도록 하는 경우 등의 문제이다.

표준 계약서를 따르고 있는가

그렇다면 계약서를 작성할 때 꼼꼼하게 챙겨봐야 할 점은 어떤 것들이 있을까?

우선 자신이 가고자 하는 국가 대사관에 안내된 오페어 정보를 꼼꼼히 살펴보고, 해당 국가에서 제공하는 오페어 계약서 양식이 있는지, 임금이나 노동 시간에 대한 기준이 마련되어 있는지 등을 사전 조사해봐야 한다. 대체로 계약서는 호스트 가족 측에서 작성해 오페어에게 전달하고, 그것을 읽고 서명하도록 한다. 물론 나쁜 마음을 먹고 계약서 동의를 요구하는 호스트 가족이 많지 않겠지만, 서명하기 전 객관적이고 정확한 정보력을 갖춰야만 불이익당하는 것을 방지할 수 있다. 특히 각 국가에서 제시하는 오페어 표준 계약서가 있다면, 그 양식을 잘 따르고 있는지 살피는 것이 가장 중요하다. 참고로 독일은 우리나라 고용노동청으로 생각할 수 있는 'Bundesagentur für Arbeit'에서 제공하는 표준 오페어 계약서 양식을 따르도록 규정하고 있다.

계약서는 어떤 문제가 발생했을 때 객관적 근거가 될 수 있는 가장 기본적이고도 중요한 문서다. 특히 오페어 계약의 경우 온라인으로 서명이 오가는 일이 많아 신중하게 계약서를 작성한 후 신경 써서 보관해야 한다. 진짜 가족 같은 관계를 원하니 계약서 따위는 중요하지 않다는 식의 제안을 덜컥 받아들이기보다, 앞으로 1년의 생활을 가늠하는 지표로 삼고 꼼꼼히 체크할 필요가 있다. 혹시 모를 상황을 대비해 계약서는 별도로 저장·출력해 두고 분실하거나 훼손하는 일이 절대 없도록 주의하자.

내가 주고 받은 오페어 계약서

다음의 계약서는 호스트 가족과 내가 서명을 주고받은 독일어 버전의 계약서이다. 오페어 제도가 활발히 시행되고 있는 유럽 오페어 협정에 따른 표준 계약서를 따르고 있다. 오페어 계약서가 어떤 내용으로 구성되어 있는지 살펴보고, 특별히 주의할 부분을 체크했으니 참고하자. 계약서에 서명하기 전에 궁금한 내용은 호스트에게 꼭 물어보고 짚고 넘어가도록 하자.

오페어 계약서

> Mustertext in Anlehnung an die vom Ministerkomitee des Europarates am 18. Januar 1972 gebilligte Fassung

Vertrag
über eine Au-pair-Beschäftigung
gemäß dem Europäischen Abkommen über die Au-pair-Beschäftigung
vom 24. November 1969

1969년 11월 24일 유럽 오페어 협정에 따른 계약서

Dieser Vertrag über die Aufnahme eines Au-pair-Beschäftigten wird geschlossen zwischen: 오페어 노동에 따른 계약은 아래 계약 조건에 따라 이뤄져야 함

- ☐ Herrn ☐ Frau _____호스트 부모의 성별, 이름_____ (Name)
- Wohnort _____집 주소 및 도로명_____
- Straße _____

im Folgenden als "der Gastgeber" bezeichnet, und

- _____오페어 성명_____ (Name)

im Folgenden als "der Au-pair-Beschäftigte" bezeichnet

- geboren am[1] _____생년월일_____
- in _____태어난 곳_____
- Staatsangehörigkeit _____모국어, 국적_____
- Wohnort _____거주지_____
- Straße _____도로명_____

und (wenn der Au-pair-Beschäftigte noch minderjährig ist) seinem gesetzlichen Vertreter: _____ (Name)

---

[1] Gemäß Artikel 4 des Europäischen Abkommens über die Au-pair-Beschäftigung sollen Au-pair-Beschäftigte mindestens 17 Jahre und nicht älter als 30 Jahre sein. In Deutschland dürfen Au-pairs aus Nicht-EU-/EWR-Staaten (mit Ausnahme der Schweiz) sowie aus den EU-Mitgliedstaaten Bulgarien und Rumänien noch keine 25 Jahre alt sein (§ 20 Beschäftigungsverordnung); das Mindestalter bei Nicht-EU-/EWR-Au-pairs (mit Ausnahme von Au-pairs aus der Schweiz) beträgt 18 Jahre.

I. ALLGEMEINE BEDINGUNGEN 약관

Der Au-pair-Beschäftigte wird von der Gastgeberfamilie während eines Zeitraums von __❶__ Monaten[2] gemäß den im Folgenden festgelegten Bestimmungen aufgenommen. Während dieses Zeitraums erhält der Au-pair-Beschäftigte Gelegenheit, insbesondere seine Sprachkenntnisse zu vervollkommnen und seine Allgemeinbildung durch eine bessere Kenntnis des Gastlandes zu erweitern.
Der Vertrag tritt am ___❷ 근무 시작일___ in Kraft.[3]

II. PFLICHTEN DES GASTGEBERS ❸

II.1 Der Gastgeber verpflichtet sich, den Au-pair-Beschäftigten in die Familie aufzunehmen und ihn am täglichen Familienleben teilhaben zu lassen; diesbezüglich gibt er die folgende Erklärung ab, von welcher der Au-pair-Beschäftigte Kenntnis nimmt:
- Die Familie besteht aus ___호스트 가족 사항(호스트 부모와 아이 성명)___
  darunter __성인 인원수__ Erwachsene
  __자녀 중 아들 인원수__ Jungen im Alter von ___나이___ Jahren
  __자녀 중 딸 인원수__ Mädchen im Alter von ___나이___ Jahren
- Die Familie wohnt in ❹ □ einem Haus ❹ □ einer Etagenwohnung
  mit __방의 개수__ Zimmern einschließlich __욕실 개수__ Badezimmer(n)
  Entfernung zu einem Einkaufszentrum ___ km 마트, 상점과의 거리
  Entfernung zu einer Bildungsanstalt, die geeignete Sprachkurse
  in Deutsch anbietet ___ km 가까운 어학원과의 거리

- Beruf des Gastgebers: ___호스트 부의 직업___
- Beruf des Ehegatten: ___호스트 모의 직업___
- Der Gastgeber beschäftigt folgendes Hauspersonal:
  ___가사도우미 존재 여부 및 근무 빈도___

---

[2] Bei Au-pairs aus Nicht-EU-/EWR-Staaten (mit Ausnahme der Schweiz) sowie aus den EU-Mitgliedstaaten Bulgarien und Rumänien darf die Beschäftigungsdauer höchstens ein Jahr betragen. Die Mindestdauer beträgt 6 Monate.
[3] Gemäß Artikel 6 des Europäischen Abkommens über die Au-pair-Beschäftigung sollte der vorliegende Vertrag möglichst vor der Ausreise des Au-pair-Beschäftigten aus dem Lande, in dem er seinen Wohnort hat, spätestens aber in der ersten Woche der Aufnahme in der Gastfamilie geschlossen werden.

❶ 오페어 계약 기간을 '개월' 기준으로 작성한다. 예를 들어 1년 계약이라면 '12'라고 작성하면 된다.
❷ 오페어는 해당 기간 동안 호스트 가족과의 계약이 체결된다. 오페어는 정해진 규정에 따라 자신의 언어 능력을 향상시키고, 호스트 국가에 대한 지식을 습득해야 한다. 근무 시작일 예) 14.02.2016
❸ 호스트의 의무 : 호스트는 오페어를 최대한 가족처럼 여기며, 생활에 적응할 수 있도록 돕는 것을 약속한다.
❹ 거주하고 있는 집이 건물 전체를 사용하고 있는지, 일부를 사용하는 세입자인지를 표기. 해당하는 곳에 체크하면 된다.

II.2 Der Gastgeber stellt dem Au-pair-Beschäftigten innerhalb der Familienwohnung ein ☐ eigenes Zimmer ☐ geeignetes Zimmer, das er mit _____ teilt[4], sowie Verpflegung kostenlos zur Verfügung. Der Au-pair-Beschäftigte nimmt an den gemeinsamen Mahlzeiten teil und erhält dasselbe Essen wie die Familienangehörigen, sofern unter IV.2 nichts anderes vereinbart wurde.
호스트 가족의 주거 공간 내 오페어가 머무를 수 있도록 공간을 제공한다. 또 무료로 식사할 수 있고 가족의 식사에 참여하도록 하며, 그렇지 않을 경우 가족과 동일한 음식을 제공해야 한다.

II.3 Darüber hinaus zahlt der Gastgeber dem Au-pair-Beschäftigten ein monatliches Taschengeld in Höhe von 260 Euro.
또 호스트는 오페어에게 한 달에 260€의 월 용돈을 지급해야 한다.

II.4 Die Arbeitsstunden des Au-pair-Beschäftigten werden so geregelt, dass er seine Sprachkenntnisse durch Teilnahme an Kursen vervollständigen und seine Allgemeinbildung durch Teilnahme an Veranstaltungen und Ausflügen verbessern kann. 이 과정에서 오페어가 어학 수업에 참여하는 등 교육을 완료할 수 있도록 근무 시간을 조절할 수 있다.

II.5 Dem Au-pair-Beschäftigten ☐ steht ein freier Tag ☐ stehen __ freie Tage[5] und mindestens vier freie Abende pro Woche zu. Er erhält uneingeschränkt Gelegenheit zur Ausübung seines Glaubens.
오페어는 주당 적어도 해당 날짜에 따른 휴일 저녁을 가질 수 있다. 신앙 생활을 할 수 있는 시간을 가질 수 있다.

II.6 Der Gastgeber schließt für den Au-pair-Beschäftigten eine Privatversicherung für den Fall der Krankheit, Schwangerschaft und Geburt sowie eines Unfalls ab.[6]
오페어가 지병이 있거나 또는 임신 · 출산할 경우 보험료를 지급받을 수 있다. 해당 금액에 따른 보험료는 매월 호스트 가족이 전액 부담한다.
Die Versicherungsprämie beträgt _____ Euro monatlich und wird in voller Höhe vom Gastgeber gezahlt. 오페어를 위해 호스트 가족이 부담하는 보험료 예)40

II.7 Bei Erkrankung des Au-pair-Beschäftigten gewährleistet der Gastgeber weiterhin Unterkunft und Verpflegung und die entsprechende Betreuung und Pflege, bis die erforderlichen Regelungen getroffen worden sind.
호스트는 채용한 오페어가 질병이 있을 경우 적절한 숙식과 관리를 하여 오페어의 건강을 회복할 때까지 신경 써야 한다.

---

[4] Gemäß Artikel 8 Absatz 1 des Europäischen Abkommens über die Au-pair-Beschäftigung sollte der Au-pair-Beschäftigte nach Möglichkeit ein eigenes Zimmer erhalten.
[5] Gemäß Artikel 8 Absatz 3 des Europäischen Abkommens über die Au-pair-Beschäftigung steht dem Au-pair-Beschäftigten mindestens ein voller freier Tag wöchentlich zu, wovon wenigstens einer im Monat auf einen Sonntag fallen muss.
[6] Das Protokoll zum Europäischen Abkommen enthält die Bestimmung, dass die Versicherungsleistungen so weit wie möglich die Kosten für ärztliche Behandlung, Medikamente und Krankenhausaufenthalt decken müssen.

II.8 Der Au-pair-Beschäftigte erhält für jeden vollen Monat der Beschäftigung einen bezahlten Erholungsurlaub von zwei Werktagen. Eine Teilnahme am Familienurlaub zählt nur dann als Urlaub, wenn lediglich unwesentliche Aufgaben übernommen werden müssen und keine Anwesenheitspflicht besteht.
오페어는 매달 2일의 유급 휴일을 가질 수 있으며, 가족 휴가 또는 여행 등에 함께 참석할 수 있다.

III. **PFLICHTEN DES AU-PAIR-BESCHÄFTIGTEN** 오페어의 의무 : 오페어는 해당 시간 동안 아이들을 돌보는 일에 참여해야 한다.

III.1 Der Au-pair-Beschäftigte verpflichtet sich, ❶ Stunden am Tag[7] (einschließlich Babysitting) an der Erfüllung der täglichen häuslichen Pflichten mitzuwirken, indem er in angemessener Zeit folgende Dienste leistet: ❶ 하루에 아이들을 돌보는 데 필요한 시간 예)5
오페어가 해야 할 주요 업무

예) 어린이집 바래다 주고 데려오기, 아이들의 장난감 정리하기, 아이들에게 간식 제공하기 등

_____

(genaue Angaben über die von dem Au-pair-Beschäftigten zu leistenden Dienste; zulässig sind nur leichte Haushaltsarbeiten und die Kinderbetreuung)

Private Angelegenheiten wie das Sauberhalten und Aufräumen des eigenen Zimmers zählen nicht als Hausarbeitszeit.

III.2 Der Au-pair-Beschäftigte erklärt sich bereit, alle seinerseits erforderlichen Formalitäten zu erfüllen, um den Gastgeber in die Lage zu versetzen, seinen Verpflichtungen gemäß Ziffer II.6 dieses Vertrages nachzukommen.

III.3 Der Au-pair-Beschäftigte erklärt sich bereit, unverzüglich das ärztliche Zeugnis vorzulegen, das gemäß Artikel 5 des Europäischen Abkommens über die Au-pair-Beschäftigung verlangt wird.[8]

---

[7] Gemäß Artikel 9 des Europäischen Abkommens über die Au-pair-Beschäftigung darf die Zeit der Beschäftigung mit diesen Arbeiten grundsätzlich nicht mehr als fünf Stunden täglich betragen. In Deutschland wurden Höchstgrenzen von 6 Stunden täglich und 30 Stunden wöchentlich festgelegt.
[8] Gemäß Artikel 5 des Europäischen Abkommens über die Au-pair-Beschäftigung muss das ärztliche Zeugnis des Au-pair-Beschäftigten weniger als drei Monate vor der Aufnahme in die Gastfamilie ausgestellt sein und Angaben über den allgemeinen Gesundheitszustand des Beschäftigten enthalten.

IV. VERSCHIEDENES 기타 사항

IV.1 Der Vertrag kann durch jede der Vertragsparteien unter Einhaltung einer zweiwöchigen Kündigungsfrist gelöst werden. Ungeachtet dessen kann er von einer Partei mit sofortiger Wirkung gelöst werden, wenn seitens der anderen Partei eine schwere Verfehlung vorliegt. Auch kann jede der Parteien den Vertrag mit sofortiger Wirkung lösen, wenn schwerwiegende Umstände eine solche sofortige Lösung erforderlich machen. 계약 조건이 잘 이행되지 않을 경우 각 당사자는 계약을 해지할 수 있다.

IV.2 Die Parteien vereinbaren ferner Folgendes: 당사자는 다음과 같은 조건에 동의한다.
호스트 가족이 휴가를 떠날 경우 오페어도 동반할지에 대한 여부
예) 나의 경우 가족이 휴가를 떠나는 기간에
자유롭게 여행을 다녀올 수 있도록 한다는 내용의 계약이 이뤄졌다.

Dieser Vertrag wird in zwei Exemplaren ausgefertigt:
- eine Ausfertigung für den Gastgeber und
- eine für den Au-pair-Beschäftigten.
본 계약은 오페어와 호스트 가족이 이중으로 서명해야 하며, 사본을 보관하도록 한다.

Bei Minderjährigkeit des Au-pair-Beschäftigten ist seinem gesetzlichen Vertreter eine weitere Ausfertigung auszuhändigen.

오페어 거주지
예)서울 _____ , den __서명 날짜__

호스트 가족의 거주지
예)프랑크푸르트 _____ , den __서명 날짜__

_____오페어 서명_____
Unterschrift des Au-pair-Beschäftigten

(bei Minderjährigkeit des Au-pair-Beschäftigten Unterschrift des gesetzlichen Vertreters)

_____호스트 부모의 공동 서명_____
Unterschrift des Gastgebers

[Formular drucken]   [Formular zurücksetzen]

생각보다 쉬운 **비자 신청**

드디어 호스트 가족과의 계약이 무사히 끝났다. 지금까지의 과정을 두고 어떤 이들은 생각보다 무척 간단하다고 할지도, 또 어떤 이들은 생각보다 너무 어려웠다고 할지도 모르겠다. 그래도 이 과정까지 훌륭하게 잘해냈다는 건 오페어로서의 삶도 성공적으로 해낼 수 있다는 증거가 아닐까.

| 비자 신청 절차

이제 호스트 가족과 맺은 계약을 근거로 비자를 신청할 차례다. 비자는 방문할 예정인 나라의 정부로부터 받는 입국 허가 확인서다. 내가 신청할 독일 오페어 비자는 워킹홀리데이 비자와는 달리, 독일 현지에서도 신청이 가능했다[*]. 워킹홀리데이 비자는 반드시 국내에서 신청해 비자를 발급받은 후 지정된 날짜에 출국해야 하지만, 독일 오페어 비자는 국내에서 신청

할 수도 있고, 출국 후 현지에서 신청해 발급받을 수도 있다.

국내에서 비자를 신청하려면 대사관에서 안내하는 준비 서류를 갖춰 직접 영사과에 제출해야 한다. 서류를 빠짐없이 제출했다고 해서 비자가 반드시 발급되는 것은 아니다. 대사관 영사과에서 해당 국가의 관할 기관과 함께 이를 검토하고 발급 여부를 결정하기 때문이다. 이 과정에서 대사관 직원과 간단히 대화하는 것도 비자 발급 여부를 결정하는 데 참고 사항이 된다고 한다.

국내에서 비자를 신청하고 발급받기까지는 꽤 오랜 시간이 필요하다. 출국예정일 6개월 이전에는 신청해 미리 준비해야 하고, 비자 신청에서 발급까지는 약 6~8주 정도 소요된다. 이는 비자를 신청하고 발급받아도 반년 후에나 떠날 수 있다는 뜻이다. 이런 불편함 때문에 나는 먼저 출국한 후 현지에서 오페어 비자를 신청해 발급받기로 했다. 우리나라와 독일은 무비자 협정을 맺어, 최대 3개월까지 비자 없이도 체류할 수 있기 때문에 우선 출국이 가능하다. 이미 호스트 가족과 계약했기 때문에 오페어 비자 발급에 대해 나보다 잘 알고 있는 호스트 가정의 도움을 받는 것도 효율적일 것이라 판단했다.

현지에서 오페어 비자를 발급 받는 방법은 생각보다 간단했다. 호스트 가족이 오페어 계약서에 나의 정보와 사진 등을 첨부해 오페어 관할 기관(고용노동청과 같이 오페어 제도를 관리하고 담당하는 곳)에 보

※ 오페어 제도에 따른 비자 종류와 발급 규정은 국가별로 각기 다르니 반드시 확인해야 한다(p.33 참고).

내고, 그로부터 일주일 후 해당 사무실로 호스트 가족 보호자 중 한 명과 오페어가 함께 사무실에 방문했다. 비자에 필요한 인터뷰 목적으로 방문하는 것이지만, 절차나 난이도가 특별히 까다롭진 않았다. 간단한 인사와 통성명 정도만으로 처리되는 분위기였다. 훗날 한국에서 비자를 발급받은 이들의 이야기를 들어보면, 이것보다는 까다로운 인터뷰 절차가 있었다고 한다. 이미 거주하고 있는 곳의 호스트 가족이 인증(!)해준 것이나 다름없으니 현지에서는 아무래도 절차가 간소한 것이 아니었을까.

오페어 비자 신청 필요 서류(독일 기준)
- 거주자 신고서
- 건강보험 가입 확인서
- 완벽하게 기재 및 서명한 비자신청서 2부
- 유효한 여권(원본과 인적사항이 기재된 페이지의 사본 2부 첨부)
- 여권사진 2매(3.5x4.5cm, 밝은 배경)
- 기초어학능력증명서
- 호스트 가족과의 오페어 계약서
- 오페어 비자 신청 수수료(국가마다 오페어 비자 신청 수수료는 제각각이지만, 독일의 경우 60€ 정도이다. 국내에서 신청할 경우 비자 발급에 필요한 수수료를 원화로 지불한다)

※ 위 내용은 독일의 오페어 비자 신청을 기준으로 한 것이다. 국가별 비자 신청 규정에 따라 필요 서류가 달라지므로 반드시 확인이 필요하다.

한국인이라 비자 발급이 쉬웠다?

나는 비자 신청을 위해 호스트 가족 중 아이들의 아버지와 함께 사무실을 찾았는데, 훗날 "한국인이라 비교적 수월하게 비자 발급이 이뤄진 것 같다"는 이야기를 들었다. 세계적으로 한국의 이미지가 좋다는 뜻이 아닐까, 하는 생각에 기분이 좋았던 순간!

비자 신청 시 필요한 거주자 신고서

Anmeldung einer	Tagesstempel der Meldebehörde am Main Der Magistrat 17. FEB. 2014 Bürgeramt Statistik und Wahlen	Ausfertigung für
☒ einzigen Wohnung oder Hauptwohnung		☐ Meldebehörde
☐ Nebenwohnung		☒ meldepfl. Person

Angaben zur Wohnung	PLZ Gemeinde [...] Frankfurt am Main	Die neue Wohnung soll sein:
Neue Wohnung	Straße, Hsnr. [...]	☒ Hauptwohnung
Einzug am 15.02.2014		☐ Nebenwohnung
Bisherige Hauptwohnung (falls Zuzug vom Ausland, genügt Angabe des Staates)	PLZ Gemeinde [...] Korea, Republik Straße, Hsnr.	Die bisherige Wohnung wird beibehalten Nein als:
		☐ Hauptwohnung
	Zusatz	☐ Nebenwohnung
(Falls Zuzug aus dem Ausland letzte frühere Anschrift im Inland)	PLZ, Gemeinde, Straße, Hsnr.	
Weitere Nebenwohnung in Deutschland	PLZ, Gemeinde, Straße, Hsnr.	
	PLZ, Gemeinde, Straße, Hsnr.	

	Familienname Auch Geburtsname	Vorname/n	GS	Geburts-datum	Geburtsort
1	Yang	Ho-Yeon	W	20.02.1990	Seoul (Korea, Republik)
2					
3					
4					

	Religion	Familienstand, seit, Standesamt			Staatsangehörigkeit
1	SO	LD			koreanisch (Rep)
2					
3					
4					

Personalausweis/ Pass/ Passersatz

	Ausstellungsbehörde	Nummer	Pass-art	Gültig von	Gültig bis	Übermittlungs-/Auskunftssperre
1	Seoul	[...]	PP	04.06.2009	05.06.2019	
2						
3						
4						

Meldebehörde Frankfurt am Main
17.02.14

Meldepflichtige Person
17.02.14

Erläuterung der Auskunfts-/Übermittlungssperren:
1 = gegenüber einer öffentlich-rechtlichen Religionsgesellschaft, der man nicht selbst, aber ein Familienmitglied angehört
2 = gegenüber Adressbuchverlagen   3 = Alters- und Ehejubiläen   4 = gegenüber Parteien und Trägern von Abstimmungen
5 = Sperre jeder Melderegisterauskunft (bei Gefahr für Leben, Gesundheit, Freiheit usw.)   6 = Internetauskunftsersuchen
7 = informationelle Selbstbestimmung   8 = Bundesamt für Wehrverwaltung

건강보험 가입 확인서

Herr
Andreas Fabian
[address redacted]
[address redacted]
60306 Frankfurt

Es betreut Sie:
Care Concept AG
Am Herz-Jesu-Kloster 20
53229 Bonn
+49 228 97735-11
vertrag@care-concept.de

17. Februar 2014

Versicherungsschein zur Krankenversicherung Care Au-Pair

Angaben zur Versicherung				
Versicherung	Versicherungs-Nr.	Versicherungsbeginn	Versicherungsende	Monatsprämie
Typ M		17.02.2014	17.02.2015	35,00 €

Versicherungsnehmer	
Anrede	Nachname, Vorname
Herr	Fabian, Andreas

Versicherte Person			
Anrede	Nachname, Vorname		Geburtsdatum
Frau	Yang, Ho-Yeon		20.02.1990
Heimatland	Staatsangehörigkeit	Aufenthaltsland	Einreise
Süd Korea	Süd Korea	Deutschland	15.02.2014

Der Versicherungsschutz entspricht den Anforderungen der Verordnung (EG) Nr. 810/2009 des Europäischen Parlaments und des Rates der Europäischen Union vom 13.07.2009 und ist nicht auf EUR 30.000,- begrenzt.

Diese Bestätigung des Versicherungsschutzes gilt ausdrücklich zur Vorlage bei Ausländerbehörden, Botschaften, Konsulaten und Grenzstationen.

Billigungsklausel: An den kursiv und fett kenntlich gemachten Stellen weicht der Versicherungsschein von dem Antrag ab. Wenn innerhalb eines Monats nach Empfang des Versicherungsscheins nicht schriftlich widersprochen wird, gelten die Abweichungen als akzeptiert. **Weitere wichtige Hinweise und Rechtsfolgen entnehmen Sie bitte auch der Rückseite.**

Dr. Gent   Sautter

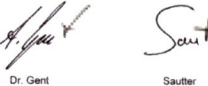

Vorstand: Fritz Horst Melsheimer (Vors.), Eberhard Sautter (stv. Vors.),
Eric Bussert, Holger Ehses, Dr. Andreas Gent, Dr. Wilfried Hauck
Vorsitzender des Aufsichtsrats: Jörg G. Schiele
Handelsregister: Hamburg B 19768
USt-IdNr.: DE 175218900
Siegfried-Wedells-Platz 1
20354 Hamburg

Angaben zur Beitragszahlung: Die Prämie von 35,00 € wird monatlich per Überweisung gezahlt. Diese Versicherung ist nur gültig in Verbindung mit einem gültigen Zahlungsnachweis (Bankauszug, Bareinzahlungsbeleg).

Angaben zur Versicherungssteuer	
Zuständiger Versicherer	Hanse Merkur Versicherungsgruppe
Versicherungssteuernummer des Versicherers	
Versicherungsentgelt (Nettoprämie)	Steuersatz
35,00 €	Steuerfrei nach § 4 Nr. 5 VersStG

Der Inhalt Ihres Versicherungsvertrages ergibt sich für die Einzelversicherung aus den Angaben im Versicherungsschein. Dem Umfang und Inhalt Ihres Versicherungsschutzes liegen dieser Versicherungsschein, evtl. folgende Nachträge, die Allgemeinen Versicherungsbedingungen, einschließlich Tarif mit Tarifbedingungen, die Satzung und gesetzlichen Vorschriften - insbesondere das Gesetz über den Versicherungsvertrag (VVG) - zugrunde.

Nachträge zum Versicherungsschein geben den jeweils neuesten Vertragsstand wieder. Weicht der Inhalt des Versicherungsscheines oder eines Nachtrages vom Versicherungsantrag oder den Vereinbarungen ab, so gilt die Abweichung (mit Klausel gekennzeichnet) als genehmigt, wenn nicht innerhalb eines Monats nach Empfang der Urkunde schriftlich widersprochen wird (§ 5 VVG).

Sie haben das Recht innerhalb von 14 Tagen nach Überlassung dieser Unterlagen Ihre Vertragserklärung in Textform zu widerrufen, wobei die Frist mit Zugang dieses Versicherungsscheins beginnt. Zur Wahrung dieser Frist genügt die rechtzeitige Absendung des Widerrufs.

Wichtiger Hinweis gemäß § 37 Abs. 2 VVG: Tritt der Versicherungsfall nach Abschluss des Vertrages ein und ist die einmalige oder die erste Versicherungsprämie zu diesem Zeitpunkt noch nicht gezahlt, ist die HanseMerkur nicht zur Leistung verpflichtet, es sei denn, dass der Versicherungsnehmer die Nichtzahlung nicht zu vertreten hat.

Über den Vertragsinhalt der Einzelversicherung hinaus gelten für die Gruppenversicherung zusätzlich die Bestimmungen des jeweiligen Gruppenversicherungsvertrages.

항공권 구매를 위한 '꿀팁'

| 편도 항공권이냐,
| 왕복 항공권이냐

오페어 계약은 보통 6개월에서 1년 단위로 이뤄지기 때문에, 항공권을 구매할 때도 그에 맞게 여러 조건을 따져보고 구매해야 한다. 장기간 해외로 떠나본 이들이라면 100% 공감하는 것이, 바로 편도 항공권을 구매할 것인가 왕복 항공권을 구매할 것인가를 두고 고민하는 일이다. 만약 오페어가 계약 기간을 6개월로 정했다 해도 추후 계약 기간을 늘리는 사례가 많아 돌아오는 날짜를 변경하는 경우가 있다. 또 1년의 시간을 보내고 난 후에도 현지에 남아 더 공부하고 싶은 마음이 생기거나, 주변 국가로 이동해 여행한 후 귀국하는 사례도 많다. 이렇다 보니 왕복 항공권이 큰 부담이 돼 아예 마음 편히 편도 항공권을 구매하기도 한다. 꼭 언제 돌아와야 한다는 기한이 없어 자신이 원할 때 언제고 돌아올 수 있기 때문이다.

하지만 왕복 항공권은 가격, 입국심사 등에서 장점이 크다. 왕복 항공권은 쉽게 말해 '세트 상품'이다. 왕복 항공권을 끊고 출국항공권을 사용하면 귀국항공권은 '환불 불가능'한 경우가 대부분이지만, 그만큼 저렴하다. 당시 나는 딱 1년만 독일에 거주한 후 돌아와야겠다는 생각이 확고해서 왕복 항공권을 끊었다. 가격이 저렴한 이유도 있었지만, 까다로운 입국심사에 대한 걱정 때문이다. 독일은 우리나라와의 무비자 협정을 근거로 3개월 동안 비자 없이도 체류가 가능하다. 하지만 비자가 없을 시 불법 체류 등의 우려로 입국 심사가 까다로운 편. 나는 오페어 비자를 독일에 가서 신청할 계획이라 발급받은 비자가 없었고, 까다로운 입국심사에 대한 대비책으로 왕복 항공권과 오페어 계약서를 준비한 것이다.

여러 소선을 고려해 왕복 항공권을 구매하겠다고 결정해도 항공권 사용 기간을 고려해야 하고, 또다시 '오픈티켓(Open ticket)'이냐 '픽스티켓(Fix ticket)'이냐를 살펴야 한다. 보통 여행자들을 위해 저렴한 가격에 내놓은 왕복 항공권은 사용 기간이 짧게는 일주일에서 길게는 석 달인 경우가 많다. 오페어의 경우 6개월에서 1년 후 사용할 티켓을 구매해야 하니 착오 없도록 하자.

다음으로 오픈티켓과 픽스티켓 중에 선택 구매해야 하는데, 이는 날짜 변경 시 수수료를 내느냐, 그렇지 않느냐로 생각할 수 있다. 즉, 오픈티켓은 보통 1년 이내에 언제든 원하는 날짜에 귀국할 수 있어 항공 스케줄을 미리 정해놓았다고 해도 무료로 변경할 수 있다. 반면, 픽스티켓은 오픈티켓에 비해 가격이 저렴하지만 항공 스케줄을 변경할 수가 없다. 만약 변경할 수 있다고 해도 막대한 수수료를 내는 경우가 많다.

덧붙여 설명하자면 이렇다. 보통 항공권을 구매할 때 출국일과 귀국일을 모두 설정해야 하는데, 대개 항공사의 항공기 운항 스케줄은 6개월에서 10개월 후까지만 볼 수 있게 돼 있다. 그러니 1년 단위로 오페어 계약을 맺었거나, 1년 동안 현지에 거주할 의사가 있다면 항공권 구매 시 출국 일을 10개월 이후의 날짜로 설정해 둔 뒤 2~3개월 후 재설정해야 한다. 이 때 수수료를 내야 하는지, 내지 않아도 되는지를 구매 시에 꼼꼼히 따져보자는 것이다.

| 직항과 경유,
| 선택하기

보통 직항보다 경유 항공권이 훨씬 저렴하다. 경유는 대중교통의 환승과도 같은 의미이다. 아무래도 국가를 이동하는 문제이다 보니 다음 비행기를 위한 대기 시간*도 길뿐더러, 낯선 공항에서 환승 게이트를 찾아야 하는 어려움이 따른다. 또 비행기를 갈아타면서 직접 수하물 등을 꼼꼼히 챙겨야 하는 불편함도 있다.

이렇다 보니 조금 더 비싸더라도 한 번에 목적지까지 갈 수 있는 직항을 선호한다. 나도 경유보다는 직항을 선택했다. 몇 년 전 회사에서 떠난 유럽 출장길에는 경유 항공권을 끊은 바 있다. 일정이 길지 않아 비교적 수하물이 적었고, 단체로 이동했기에 나 혼자 환승 수속을 밟을 걱정이 없었기 때문이다. 하지만 오페어로 장기 체류가 목적이라면 수하물의 양이 비교되지 않을 만큼 많고, 이 모든 환승 절차를 혼자 챙기기에는 부담이 따른다. 무엇보다 내가 희망하는 날짜에는 직항과 경유 항공권의 가격이 20만 원 정도밖에 차이 나지 않아서 직항을 선택하는 게 효율적이라고 판단했다.

※ 환승 대기 시간은 최소 2~3시간에서 길면 하루 이틀이 될 수도 있다. 항공사의 항공 스케줄에 따라 달라 대중이 없다.

어디서 구매할까?

요즘 항공권 구매는 보통 인터넷을 통해 이루어진다. SNS 등에는 일부 관광 상품 판매 사이트를 추천하거나, 어떤 요일을 피해 구매해야 한다거나, 인터넷 쿠키 사용 설정을 변경해야 저렴하게 구매할 수 있다는 등의 출처가 불분명한 정보들이 난무한다. 나 역시 이런 방법들을 찾아 따라해 봤지만 솔직히 큰 성과는 없었다.

그렇다면 어디서 구매하는 것이 효율적일까. 가장 먼저 항공권 비교 사이트에 접속해 자신이 원하는 일정과 가격 등을 설정해 다양한 항공권을 비교해본다. 같은 조건이라도 항공권 비교 사이트마다 가격이 다르므로 꼼꼼히 살펴보자.

여기에서 또 하나의 노하우를 전하자면, 직접 사무실로 전화를 거는 것이 꽤 효율적이다. 홈페이지에 기재된 가격 정보가 전부가 아니기 때문이다. 직접 전화하면 온라인 사이트에서는 보지 못하는 항공권을 찾을 수도 있다. 만약 출·입국 날짜가 확정된 것이 아니라 유동적으로 조절할 수 있는 상황이라면 업체 측에 이렇게 말하면 된다. "7월에서 8월 사이 인천 출발, 프랑크푸르트 도착 항공편 중 직항 항공권을 가장 저렴하게 구매할 수 있는 날짜가 언제인가"하는 식으로 묻는 것이다. 그러면 내가 미처 발견하지 못한 좋은 정보를 짧은 시간 내에 얻을 수 있을지 모른다.

이렇게 해도 적당한 가격대의 항공권을 손에 넣지 못했다면 여행사, 또는 어학원을 통하는 것도 방법이다. 여행사가 확보해 둔 티켓을 어학원을 통해 저렴하게 판매하기 때문이다. 쉽게 말해 어학원은 '예비 출국자'들이 모여 있는 곳이라 어학원과 항공사가 협약을 맺어 학생을 대상으로 저렴하게 항공권을 판매하는 경우가 있다.

나 역시 내가 다니던 어학원을 통해 만족스러운 조건의 항공권을 구매할 수 있었다. 단, 저렴한 만큼 마일리지를 적립할 수 없는 등의 조건은 염두에 두어야 한다.

요즘 가장 많이 이용하는 항공권 비교 사이트
- 스카이스캐너 www.skyscanner.com
- 인터파크투어 tour.interpark.com
- 웹투어 www.webtour.com
- 온라인투어 www.onlinetour.co.kr

출국을 위한 준비물

필수로 챙겨갈 것

☐ **여권과 여분의 사진**
출국 전 여권 만료일을 확인하자. 여권 만료일이 6개월 이내이면 입국을 거부당하는 경우도 있다. 또 여권을 분실할 경우, 비자 신청이나 면허증, 보험, 각종 서류 업무에 필요한 경우가 있으니 반명함판 사진도 넉넉히 챙겨가자.

☐ **항공권**
날짜, 시간, 탑승구 등이 표기된 항공권을 다시 한 번 확인할 것. 많은 항공사가 출국 일주일 전부터 출발 2시간 전까지 온라인 홈페이지에서 탑승 수속을 하는 '온라인 체크인' 서비스를 제공하고 있다. 이를 이용하면 공항에서 길게 줄 설 필요가 없으니 참고할 것.

☐ **오페어 계약서**
PDF 파일 형태의 오페어 계약서도 챙겨야 하지만, 가급적 출력한 계약서도 가져갈 것. 입국심사 과정에서 혹시 모를 상황에 대비해 소지하는 것이 좋다.

☐ **공인인증서와 보안카드**
우리나라 은행에 개설한 계좌를 해외에서 사용하려면 출국 전 은행에 방문해 해외 사용이 가능하도록 설정해야 한다. 또 보안카드나 공인인증서의 사용 기한이 만료되지는 않았는지 살펴본 후 만료됐다면 재발급받아 챙겨가자.

※ 'The Henley & Partners Visa Restrictions Index'에 따르면 우리나라 여권을 지참하고 무비자 혹은 도착 비자 등으로 여행할 수 있는 국가는 173개국, 비자 없이 세계 여러 곳을 방문할 수 있는 국가 순위로 세계 2위, 아시아 1위라는 사실(2015년 기준)

☐ 해외 결제 가능한 카드
해외 온라인 사이트에서 물건을 구매하거나, 여행 시 기차·비행기 등을 예약할 때 본인 확인 및 결제를 위해 신용카드, 혹은 현금카드(체크카드)를 사용하면 편리하다. 특히 VISA, MAESTRO, MASTER, CIRRUS 등의 카드를 종류별로 챙겨 가면 현금 인출이나 계좌 업무를 한층 원활하게 처리할 수 있다. 계좌 수가 한 개라도 카드 종류만 달리 설정해 개설하면 되기에 그다지 번거롭지 않다.

☐ 환전한 현금
현지에서 호스트 가족으로부터 받는 임금 외에, 초기에 필요한 약간의 현금을 가져가면 좋다. 굳이 큰 액수를 한전해갈 필요는 없다.

☐ 국제학생증
국내에서 발급받을 수 있는 국제학생증은 ISIC(International Student Identity Card)와 ISEC(International Student & Youth Exchange Card) 등이 있다. 유학생들 사이에서 어떤 것이 더 유용하다는 등의 이야기가 많은데, 실제로 큰 차이를 느끼거나 불편을 겪는 일은 적다. 국제학생증을 내밀었을 때 학생이라는 점과 이름, 나이, 국가 등의 정보만 확인되면 대부분 문제 없이 할인 혜택을 적용해준다.

☐ 국제운전면허증
국제운전면허증의 유효기간은 보통 1년이지만, 각 국가가 제시하는 기준에 따라 유효기간이 변경되기도 한다. 또 우리나라에서 발급한 국제운전면허증을 인정해 주는 국가가 정해져 있으므로 떠나려는 국가가 해당하는지 확인해 봐야 한다. 국제운전면허증은 국내운전면허증 소지자가 절차에 따라 전국 운전면허 시험장 또는 각급 지정 경찰서에서 발급받을 수 있다. 해외에서 국제운전면허증으로 운전할 경우, 국내운전면허증과 여권을 함께 지참해야 한다는 것도 잊지 말 것. 국제운전면허증의 유효기간이 끝나면, 한국에 거주하는 가족에게 부탁해 대신 재발급받을 수도 있다.

☐ 한국어로 쓰인 어학 기본서
현지에 가면 널린 것이 어학 도서인데, 왜 굳이 한국어로 쓰인 어학 기본서를 챙겨야 하느냐고? 현지에서 어학을 익히다 보면 아무래도 한계가 느껴지는 때가 오기 마련. 그때마다 한국어로 잘 정리된 어학 교재는 큰 도움이 된다.

☐ **노트북과 카메라**
일상은 물론, 특별한 날을 기록하기 위해 꼭 필요한 두 가지.

☐ **비상약**
주기적으로 복용하고 있는 약이나 소화제, 감기약, 해열제 등의 비상약을 반드시 챙겨가자. 독일에서 처음 감기몸살로 고생할 때 현지 약국에서 구매한 약을 복용했다가 맞지 않아서 고생했다. 결국 한국에서 보내준 비상약을 복용하고 한결 나아진 적이 있다.

☐ **건강 검진 등의 서류**
독일로 떠나기 전 종합병원에 방문해 치아 검진과 건강 검진을 받았다. 검진 결과 서류를 함께 가져가 혹시 모를 상황에 대비했다. 서류는 영문 버전으로 발급받을 수 있으니 참고하자.

필수는 아니지만 챙겨 가면 '좋아요'

☐ **콘센트 변환 어댑터, 멀티 탭**
독일은 우리나라와 같은 220V의 전기를 사용하기 때문에 콘센트 변환 어댑터 등을 챙겨갈 필요가 없었다. 하지만 영국, 스위스 등 주변국을 여행할 때는 필요했다. 또 호스텔 등에는 전기 플러그를 꽂을 곳이 충분하지 않으므로 카메라, 휴대전화 등을 충전하기 위해 멀티 탭을 가져가면 유용하다. 하지만 해외 어디에서나 쉽게 구할 수 있으므로 현지에서 구매해도 무방하다.

☐ **정장이나 드레스**
간혹 생각지도 못했는데, 중요한 자리에 가야 하거나 고급 레스토랑, 호텔 등에 방문할 일이 생기면 격식을 갖춘 옷차림이 필요하다. 정장이나 드레스 등의 옷들은 비교적 비싼 가격이라 구매하는 데 부담이 따르므로 챙겨가면 유용하다.

☐ **1인용 전기장판, 전기담요**
바닥부터 따뜻한 우리나라 온돌방과는 달리, 해외의 난방 방식은 공기는 따뜻하게 데우지만 바닥 자체가 차가운 경우가 많다. 실제로 한인 유학생 커뮤니티 등에서 겨울을 앞두고 전기장판이나 전기담요의 판매·구매가 활발히 이뤄진다.

☐ **마스크팩, 생리대**
떠나는 국가마다 날씨 차이가 있지만, 유럽의 국가들은 대개 건조한 경우가 많다. 갈라진 피부를 위한 처방전으로 마스크팩이 제격. 하지만 해외 제품은 가격 대비 질이 만족스럽지 못한 경우가 많았다. 생리대 역시 우리나라 제품에 비해 다소 질이 떨어지는 느낌. 덕분에 여성 유학생들에게 "가장 필요한 것이 무엇이냐"고 물으면, "마스크팩! 생리대!"를 외치는 이들이 꽤 많다.

☐ **안경, 콘택트렌즈**
해외에서 구하기 어려운 것은 아니지만, 우리나라에서 구매하는 것이 편리하고 저렴한 편. 특히 눈이 예민한 편이라면 눈 건강을 위해 미리 준비해가는 것이 낫다.

☐ **호스트 가족과 새 친구들을 위한 선물**
호스트 부부에게는 국내 브랜드 화장품(선크림, BB크림, 헤어 에센스 등)을, 두 아이에게는 장난감(뽀로로 비행기 세트, 경찰차 세트)을 구매해 선물로 가져갔다. 새로 사귈 친구를 위한 선물도 미리 준비했다. 한국 전통 누비 필통이나 동전 지갑, 카드 지갑, 전통 무늬 휴대전화 고리, 마스크팩, 한국 엽서 등을 골고루 챙겨갔다. 현지에서 사귄 친구들에게 잘 어울릴 만한 선물을 하나씩 골라 주었는데, 훗날 정말 잘했다는 생각이 들었다.

※ 짐을 챙길 때 반드시 항공사 수하물 규정을 확인하자. 수하물 규정은 각 항공사 · 등석에 따라 차이가 있다.

au pair

Part 3

유럽 1년 현실이 되다

Welcome to Germany!

독일로 떠나기 전날 밤, 설레는 마음 한 편에 자리한 불안감 탓인지 쉽게 잠이 오지 않았다. 일어나지 않을 것만 같던 일들이 막상 눈앞에 벌어지고 나니 현실에 대해 걱정하기 시작한 것이다. 가족과 친구들은 아쉬운 마음을 표현하는 대신 '파이팅'으로 작별 인사를 대신했다. 미처 알리지 못했던 지인에게도 잘 다녀오겠다는 인사를 남기고 차분히 마음을 다독였다.

| 오페어 계약서로
| 입국 심사 통과!

드디어 독일로 떠나는 날, 1년간 떨어져 있어야 할 가족들과 뜨거운 포옹을 하고 한국에 '잠시만 안녕'을 고했다. 약 11시간 동안의 긴 비행 끝에 독일 프랑크푸르트공항에 무사히 도착했다. 독일어로 적힌 안내 표지판을 보니 '정말 이곳에 왔구나'하는 생각에 가슴

이 뛰었다. 혹시 모를 상황에 대비해 한 손에는 여권을, 또 다른 한 손에는 오페어 계약서를 꺼내 쥐었다. 아무래도 비자 없이 입국 심사장을 통과하는 게 부담스럽고 긴장됐다.

예상대로 입국심사관의 까다로운 입국 심사가 이뤄졌다. 심사관은 "왜 비자가 없는데도 불구하고, 한국행 비행기가 1년 뒤 뒤로 잡혀 있느냐? 어디에서 머물고 어떤 일을 하기 위해 독일에 왔느냐?"고 차례로 물었다. 나는 침착히 "오페어를 하기 위해 왔고, 프랑크푸르트에서 머물 것"이라고 했다. 심사관은 다시 "호스트 가족은 찾았느냐"고 물었고, 나는 준비해 둔 오페어 계약서를 내밀었다. 날카로운 표정으로 계약서를 읽어 내려가던 그는 입국 허가 도장을 '쾅' 찍으며 말했다.

"Welcome to Germany!"

나는 당당하게 출국게이트를 향해 걸어가면서 몇 달간 고군분투했던 오페어 준비 과정을 돌이켜보았다. 힘들기도 했지만 즐거운 일이었다. 주변의 누구도 권유한 적 없고, 알려준 적도 없지만 스스로 길을 찾았다는 사실이 뿌듯했다. 그 순간, 누군가 "호연!"하고 나를 반갑게 불렀다. 호스트 가족의 엄마, 헬렌이었다. 영상통화를 통해 보던 것보다 훨씬 젊고 친근한 모습이었다.

집은 프랑크푸르트 공항에서 얼마 떨어지지 않은 곳에 있다고 했다. 우린 독일의 지하철인 'S-bahn'을 타고 집으로 향하면서 스카이프에서 못다 한 대화를 나눴다. 그녀는 "나를 떠나보낸 가족들의 반응은 어땠는지", "이곳에 와서는 무엇을 하고 싶은지" 등을 물었다. "이미 저녁이 된 터라 아이들은 잠을 자고 있고, 해외 출장을 떠난 남편은 내일 돌아온다"는 이야기도 했다. "함께 지내던 중국인 오페어는 다음 타자인 내가 오고 난 후 떠나기로 해서, 오늘 밤은 큰 아이 방에서 자야 하니 양해를 구한다"는 말도 덧붙였다.

| 새로운 우리 집

내가 거주하게 될 호스트 하우스는 프랑크푸르트 공항에서 약 30분 거리. 프랑크푸르트 중심가에서도 멀지 않은 '오베라트(Oberrad, Frankfurt am Main)' 지역에 위치했다. '뮐 백(S-bahn Frankfurt Mühlberg)'역에서 트램으로 갈아탄 후 네 정거장 가면 '부흐라인플라츠(Buchrain Platz)' 역인데, 그곳에서 5분 정도 걸으면 집에 도착한다. '프랑크푸르트의 옆 동네'로 알려진 '오펜바흐 암마인(Offenbach am Main)'과도 얼마 떨어지지 않은 곳에 위치해 여행, 쇼핑 등을 할 때 여러모로 편리한 곳이다.

프랑크푸르트 면적은 약 248.3km²로, 우리나라의 서울시 면적의 2분의 1이 안 되는 크기다. 라인 강의 지류인 마인 강 연안에 위치해 있으며, 개최 규모가 큰 '프랑크푸르트 도서전'과 '프랑크푸르트 모터쇼' 때문에 널리 알려진 도시이기도 하다. 사실 독일의 행정 수도는 베를린이지만, 경제 수도는 프랑크푸르트라 해도 과언이 아니다. 특히 통화 정책을 담당하고 있는 유럽연합의 중앙은행 '유럽 중앙은행(European Central Bank, ECB)'이 프랑크푸르트에 위치해 유럽 금융의 중심지 역할을 하고

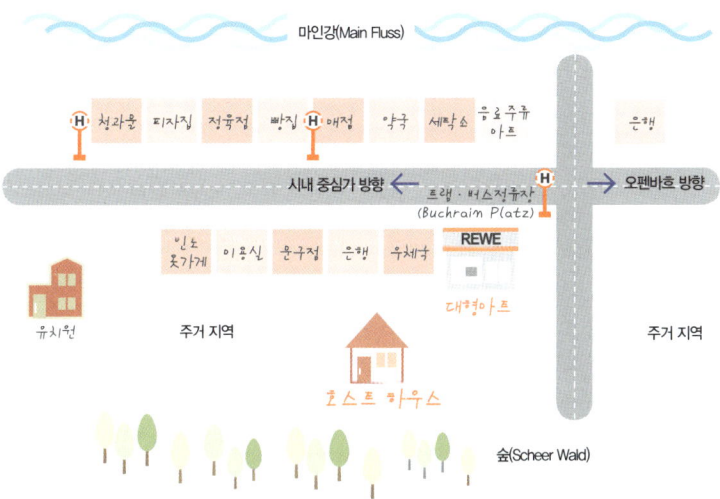

있다. 덕분에 오페어를 찾는 호스트 가족들이 많이 거주하는 곳이기도 하다. 경제 활동을 활발히 하는 맞벌이 부부가 많이 살고 있으므로 그만큼 아이를 맡아줄 오페어가 필요한 것이다.

집 앞 정류장에 도착했을 때는 깜깜한 밤이 되어 있었다. 토요일 9시가 되지 않은 시간인데도 거리에 오가는 사람도 없고, 동네 상점은 모두 문을 닫았다. 호스트 하우스까지 골목을 따라 걷는데, 가로등 불빛과 유럽식 주택이 어울려 무척 낭만적이었다. 2년 전 처음 독일에 왔을 때의 추억이 새록새록 떠올랐다. 그리울 때 꺼내보던 사진 속으로 들어온 것만 같았다. 앞으로 내가 매일 아침저녁 마주할 모습이라니……. 또다시 가슴이 뛰기 시작했다.

집에 도착해 거실에 들어서니 중국인 오페어가 나와 헬렌을 기다리고 있었다. 내부는 홍콩 출신 헬렌이 꾸민 아기자기한 소품과 유럽식 인테리어가 조화를 이루고 있었다. 간단히 인사를 나누고 하룻밤 보내기로 한 2층의 큰 아이 방으로 향했다. 오랜 비행 시간 때문인지 긴장했던 탓인지 한꺼번에 피로가 몰려왔다. 샤워를 마치고 나자 잠이 쏟아졌다.

잠시 눈을 붙인 것 같은데, 블라인드를 걷어보니 해가 밝았다. 창문을 여니 '짹짹' 새소리가 들리고, 푸른 하늘에 뭉게구름까지 그야말로 환상적인 날씨다. 앞으로의 1년도 지금처럼 화창할 것 같다는 생각이 들었다. 간단히 세안하고 나오는데, 마침 두 아이가 잠에서 깨 헬렌과 이야기를 나누고 있었다. 앞으로 내가 돌볼 아이들이다. 내가 먼저 방으로 들어가 반갑게 인사를 건넸다.

"안녕! 내 이름은 호연이야. 만나서 반가워. 네 이름은 뭐야?"

두 아이 모두 잔뜩 놀란 토끼 눈을 하고 신기한 듯 나를 바라봤다. 큰 아이 에이단은 만 3세, 작은 아이 다비드는 만 1세라 말을 능숙하게 하지는 못했다. 그럼에도 만난 지 몇 분 지나지 않아 아이들의 성격을 대략 짐작할 수 있었다. 에이단은 무척 수줍은 성격에 모든 면에서 민감한 편이었다. 반면 둘째 다비드는 자기주장이 강하고 장난 끼가 많았다. 자기가 원하는 것은 뭐든 손에 넣어야 직성이 풀리는 것 같았다. 헬렌과 대화하는 동안에도 에이단은 헬렌의 품에 안겨 있고, 다비드는 온 방을 휘젓고 다니며 장난감을 흩뜨려놓았다.

중국인 오페어를 배웅해주고, 에이단의 방에서 내가 지낼 방으로 짐을 옮겼다. 혼자 사용하는 데 무리 없는 아담한 크기의 방에 책상, 옷장, 침대, 소파가 놓여 있었다. 책상에는 스탠드와 컴퓨터를 연결해 사용할 수 있는 모니터가 있었고, 방은 널찍한 발코니와 연결돼 있었다. 덕분에 발코니 쪽 문을 활짝 열어 놓으면 시원한 바람이 불어왔다. 발코니에 돗자리를 깔고 누워 책을 보거나, 테이블에 앉아 여유롭게 음식을 먹을 수도 있었다.

　　　　짐 정리를 마치고 동네 한 바퀴를 둘러보
았다. 집 근처에는 슈퍼마켓, 대형마트, 은행, 세탁소, 약국, 우체국 등이 밀집해 있어 생활에 불편함이 없어 보였다. 또 마을과 시내를 잇는 교통편이 잘 발달해 한밤중이나 새벽까지도 심야버스가 운행되고 있었다. 이미 계약서를 통해 확인한 바 있지만 눈으로 직접 보니 안심이 되었다.

　집 근처에 있는 너른 숲에는 땀 흘리며 조깅하거나, 호숫가에 누워 책을 읽는 사람들로 가득했다. 자신이 키우고 있는 말을 타고 달리는 모습은 조금 생경했는데, 이런 게 '유러피안 라이프'인가 싶었다.

산책을 마치고 집에 돌아오니 해외 출장을 다녀온 아이들의 아빠 안드레아스가 집에 도착해 있었다. 그는 푸근한 인상의 옆집 아저씨 같은 느낌이었다. 실제로 나의 아버지와 두 살 차이밖에 나지 않아서 더욱 푸근하게 느껴진 것 같다. 우리는 늦은 점심 식사를 하며 당장 월요일부터 시작해야 할 일들에 관해 이야기를 나눴다. 이후 아이들과 함께 유치원 가는 길을 걸어보고, 유치원에 방문해보기도 했다. 호스트 가족과 함께 지내는 일상을 떠올리니 걱정 반, 기대 반의 마음이었다.

독일에 '프랑크푸르트'가 두 곳?

간혹 독일인들로부터 '어떤 프랑크푸르트를 말하는 거냐'와 같은 예상치 못한 물음을 받게 될지도 모른다. 그 이유는 바로 독일 내 프랑크푸르트라는 지명을 가진 곳이 두 곳이기 때문이다. 물론, '프랑크푸르트 모터쇼'나 '프랑크푸르트 도서전' 혹은 축구 선수 '차붐(전 차범근 선수)' 덕분에 많은 이들이 대도시 프랑크푸르트를 떠올리지만, 브란덴부르크 주에도 프랑크푸르트가 있다는 점을 알아두면 좋다. 우리에게 친숙한 프랑크푸르트의 정식 명칭은 '프랑크푸르트 암 마인(Frankfurt am Main)'이며, 또 다른 프랑크푸르트의 정식 명칭은 '프랑크푸르트 오더(Frankfurt Oder)'이다.

내가 1년 동안 오페어로 지낸 곳 역시 대도시 '프랑크푸르트 암 마인'이다. 이곳에서 프랑크푸르트공항뿐만 아니라 유럽 철도 교통의 중심지인 프랑크푸르트 중앙역(Frankfurt Hauptbahnhof)이 있어 주변 국가를 여행하는 데 탁월한 접근성을 자랑한다. 또 삼성그룹이나 현대그룹 등 우리나라 기업들이 진출해 1만 명 이상의 한국 교민들이 거주한 곳이기도 하다. 이외에도 세계적으로 유명한 요한 볼프강 괴테 프랑크푸르트암마인 대학교(Johann Wolfgang Goethe-Universität Frankfurt am Main)와 미술관, 박물관 등의 문화·교육 시설이 풍부하게 마련된 도시가 바로 '프랑크푸르트 암 마인'이다.

오페어의 현지 생활

'파트 1'에서 언급했다시피 오페어는 워킹홀리데이와 다른 몇 가지 장점이 있다. 호스트 가족과의 매칭이 선행되어야 비자 취득이 가능하기에 따로 일자리와 숙소를 알아볼 필요가 없다. 워킹홀리데이 비자를 취득한 경우 입국하자마자 취업 전쟁에 돌입하게 된다. 100개의 이력서를 넣으면 한 번 연락이 올까 말까한 취업 전쟁을 국내도 아닌, 타지에서 겪는다는 것은 굉장한 부담이다. 워홀러 중에 일자리를 얻지 못해 전전긍긍하는 경우가 많다는 것은 이미 여러 차례 언론 보도된 바 있어 익히 알고 있을 터. 더구나 우여곡절 끝에 취업한다 해도 원하는 분야에서 경험을 쌓는 일자리가 아닌, 강도 높은 노동으로 육체적 한계를 느껴 중도에 포기하고 돌아오는 경우도 적지 않다는 것을 염두에 둘 필요가 있다.

취업 걱정 없는 안정적 스타트

나 역시 현지에서 워킹홀리데이 비자를 취득해 온 친구들이 고생하는 모습을 종종 목격했다. 일자리를 얻지 못한 채 몇 달이 흐르면 숙박비, 식대의 부담이 고스란히 워홀러의 몫이 된다. 그에 비하면 나는 꽤 만족할 만한 '스타트'를 했다. 일자리 스트레스나 숙소를 찾는 부담 없이 바로 '유럽의 일상'으로 접어들었다.

하지만 이런 장점만 생각하고 오페어의 본문을 망각하면 안 되겠다. 알다시피 오페어는 '아이 돌보기'가 주 업무. 타국에 머물면서 어학 실력을 키우거나 배낭여행에 목적이 있더라도, 우선 아이를 돌보는 일상에 빨리 적응하도록 노력해야 할 것이다. 호스트 입장에서 보면 우리를 고용한 것과 다름없으니 매 순간 최선을 다하되, 부당한 것과 불편한 것은 대화를 통해 합의점을 찾아보는 게 좋겠다.

오페어의 일상은 다음의 일과표대로 흘러갔다. 아이 돌보기와 식사 준비, 학원 가기, 자유 시간 등이 주된 일상이다.* 여기서 오페어의 장점이 또 하나 드러난다. 바로 어학원에 다닐 시간이 허락된다는 사실이다. '오페어 계약서'에는 오페어가 어학 공부를 위해 근무 시간을 조절할 수 있다는 조항이 포함되어 있다. 또 학원비 일부를 지원해주도록 하고 있다. 워킹홀리데이로 회사에 근무하는 경우에는 퇴근 후 어학원에 다녀야 하는데, 야근이나 추가 근무 등이 있을 경우 생각처럼 되지 않는 경우가 많다고 한다.

* 물론 오페어와 호스트 가족이 맺은 계약 조건이나 아이 나이 등에 따라 해야 할 일이나 급여 등의 조건은 다를 수 있다.

나의 일과표

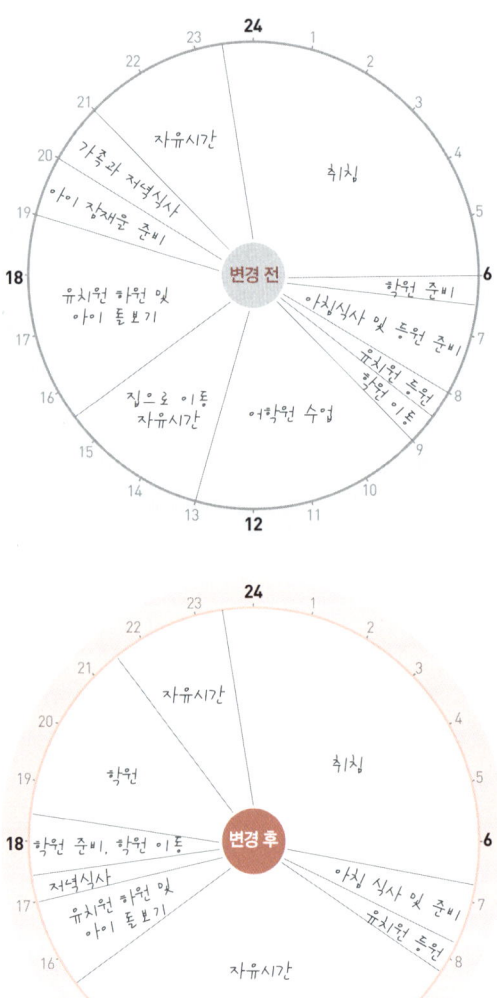

오페어를 시작한 첫 달의 일상은 첫 번째 그림대로 이뤄졌다. 그런데 이는 자유시간이 부족할 뿐만 아니라 아침에 아이들의 유치원 등원 준비와 나의 어학원 준비를 함께 해야 해서 시간이 무척 촉박했다. 결국 나는 오후 수업이 있는 학원을 알아본 후 가족과 상의해 학원 시간을 변경하는 데 동의를 구했다. 특히 내가 도착한 2월은 독일이 무척 추운 겨울이었으므로, 아이들이 감기로 유치원에 결석하는 일이 잦았고, 내가 학원에 가지 못하는 상황이 자주 발생했다. 다행히 호스트 가족 측에서도 이런 점을 고려해 시간을 효율적으로 사용할 수 있도록 배려해 주었다.

육아와 자유시간, 균형 찾기

나의 하루는 아침 6시 50분, 아이들의 유치원 등원을 준비하는 것으로 시작됐다.

나의 호스트 부모인 안드레아스와 헬렌은 매일 아침 7시 30분에 회사로 출근했다. 부부와 아이들은 매일 저녁 8시에 잠이 들고 매일 아침 6시 30분에서 7시 사이에 일어나는 규칙적인 생활을 했다. 아침잠이 많은 나도 이런 패턴에 맞춰야 했는데, 처음엔 걱정이 많았지만 자연스럽게 호스트 가족의 생활 리듬을 따라갔다.

호스트 부부가 출근 준비를 할 동안 나는 아이들의 우유를 따뜻하게 데웠다. 아침에 시간적 여유가 있거나, 아이들이 배고파할 때는 우유 대신 간단한 아침 식사를 준비하기도 했다. 아침 식사를 중요시하는 우리나라와는 달리 독일에서는 대개 간편하고 부담 없이 먹을 수 있는 음식을 선호한다. 요구르트와 시리얼, 블루베리나 라즈베리 등의 과일을 한 곳에 섞은 '뮈슬리(Müsli)', 식감이 부드러운 작고 동그란 아침용 빵인 '브로티헨(Brötchen)', 요거트드레싱이나 과일드레싱 등을 곁들인 샐러드 등을 우유나 두유, 오렌지 주스와 함께 먹는다. 귀리를 비롯한 다양한 곡물을 분쇄해 죽처럼 만든 '브라이(Brei)'도 아침 식사로 자주 먹는 메뉴이다.

"Schönen Tag! Bis nachmittag."
"오늘도 좋은 하루 보내자! 오후에 만나요."

식사가 끝나면 호스트 부모와 기분 좋은 인사를 나누고, 유치원으로 향했다. 겨울에는 추위에 대비해 자전거 트레일러에 아이들을 태웠고, 날씨가 좋은 봄·가을에는 어린이용 킥보드와 자전거를 타고 유치원으로 향했다. 비가 많이 오거나 무더운 날에는 트램을 타기도 했다.

아이들을 유치원에 데려다 주는 일은 나름의 재미가 있었다. 매일 아침 신선하고 맑은 공기를 쏘이며 이웃들과 기분 좋은 인사를 하고,※ 날마다 다른 유럽 풍경도 볼 수 있었다. 또 까랑까랑한 목소리로 부르는 아이들의 독일 동요도 듣기 좋았다. 등·하원 길에 누가 노래를 잘하는지 대결하면서 내 어학 실력도 알게 모르게 좋아지고, 아이들과의 거리도 좁혀졌다.

※ 독일은 서로 모르는 이웃이라도 눈이 마주치면 '좋은 아침이에요!' 하고 인사한다. 덕분에 자주 마주치는 이웃들과 친해질 수 있고 자연스럽게 대화로 연결되면 어학 실력도 키울 수 있다.

유치원에 도착하면 담당 교사가 내일 챙겨야 할 준비물 등 부모에게 전달할 내용 몇 가지를 말해준다. 처음에는 의사소통에 어려움을 겪었지만, 몇 달이 지나고 나니 교사들도 엄지를 '척' 세우며 일취월장한 나의 독일어 실력을 칭찬해주었다. 오페어를 채용하는 가족의 경우, 직접 유치원 교사와 대면할 기회가 적다. 따라서 유치원에서 아이가 어떻게 생활하는지, 어떤 행동 특성을 보이는지, 혹은 어디가 아픈지 등을 교사가 말해주면 오페어는 부모에게 전달할 의무가 있다.

아이들을 등원시킨 후에는 자유시간이 기다린다. 나는 집에 돌아와 전날 학원에서 배운 내용을 복습하기도 하고, 지하철이나 트램, 버스 등을 타고 프랑크푸르트 내 작은 마을 등을 탐방하며 시간을 보냈다. 또 현지에서 사귄 친구들을 만나 도서관에서 함께 공부하거나 친구의 집에 방문해 티타임을 갖기도 했다. 종종 시립도서관을 찾아 평소 보고 싶었던 영화 DVD를 대여해 보거나, 음악 CD 등을 대여해 듣기도 했다.

오후 3시 30분이 되면 하던 일을 멈추고 아이들을 유치원에서 데려와야 한다. 하원 후 아이들이 잘 휴식하도록 도와주고, 간단히 놀이 시간을 가지기도 했다. 특히 호스트 부모는 내가 아이들과 잘 놀아주기를 바랐다. 이 시간을 아이들과 어떻게 보내느냐에 따라 아이들의 정서적 만족감도 달라지고, 오페어와의 관계도 달라질 수 있다. 이런 생각으로 놀이 시간에도 최선을 다해 임했다.

아이들과 놀이가 끝나면 간식과 저녁을 준비했다. 호스트 부모가 귀가하고 나면 나는 어학원을 가야 했기에 보통 아이들과 저녁 식사를 함께했다. 오페어를 시작한 직후에는 아이들 밥 먹이는 데 온 힘을 쏟느라 내 저녁 식사는 뒷전이었지만, 시간이 흐르면서 아이들이 혼자 밥 먹는 습관이 생기고 나도 능숙해져 조금씩 여유가 생겼다.

아이들의 식사가 끝날 때쯤이면 호스트 부모가 일을 마치고 집으로 귀가했다. 그때부터 나의 두 번째 자유시간이 시작된다. 나는 이 시간을 어학원에서 보냈다. 약 3시간 동안 수업이 이뤄졌고, 그 후에는 상황에 따라 친구들과 간단한 맥주 타임을 갖기도 했다. 보통 식구들이 모두 잠든 시간에 귀가해 조용히 하루를 마무리했다.

이처럼 평일 일과는 보통 육아와 자유시간으로 채워졌다. 보통 오페어의 삶은 아마 크게 이와 다르지 않을 터. 처음 이곳에 온 '목적'과 이곳에 있을 수 있는 '수단'이 모두 중요하므로 현지에서의 삶을 가늠해보고 육아와 자유시간 사이의 균형을 찾기 위한 노력이 필요할 것이다. 하루하루 흐트러짐 없는 삶이 1년 후 달라진 나의 모습을 만드는 데 결정적인 역할을 해줄 것이므로.

어느덧 '육아의 달인'

'오페어'를 하나의 수단으로 생각한 이들은 생각보다 어려운 육아에 깜짝 놀랄 수 있다. 나 역시 일과의 상당 부분을 차지하는 육아가 쉽지만은 않았다. 육아 경험이 없다 보니 하나부터 열까지 서투르고 어색하고 묻고 싶은 것투성이었다. 하지만 마음먹고 노력하는데 못할 일이 뭐가 있던가. 부딪혀가며 깨우치고, 해나가면서 요령이 생겼다. 그러는 사이 어느덧 능숙한 '육아의 달인'이 되었다. 현지 경험을 토대로 조언하고 싶은 몇 가지 육아 팁을 소개한다.

| 육아의 반은 '잘 먹이기'

육아는 거의 '먹이기'와의 전쟁이라 해도 과언이 아니다. 에이단과 다비드는 각각 만 3세와 만 1세. 아침에는 우유, 혹은 분유 등을 젖병에 담아 마셨고 그 후에는 일반식을 섭취했다. 보통 우리나

라의 경우 이 정도 나이가 되면 더는 우유나 분유 등을 젖병에 담아 먹이지 않는다. 헬렌에게 물으니 서양은 아시아 국가보다 분유 등을 중단하는 시기가 비교적 늦다고 한다. 서양에서는 이 시기 아이를 '교육'하려는 마음보다 자유롭게 '노는' 것이 더 중요하다고 생각하는 부모들이 많다고 한다.

오페어가 할 일 중에 '아이 식사 준비'도 중요한 항목이기에 처음엔 조금 막막했다. 평소 요리를 즐긴다면 문제없겠지만 나처럼 부모님과 함께 살며 요리할 기회가 적었던 이들은 이외의 어려움을 겪을 수 있겠다. 무엇을 먹이고 어떻게 조리해야 할까?

만 1세인 다비드는 우리나라식으로 따지면 '이유 완료기'에 속한다. 12개월 이후에는 소화 효소도 성숙하고, 모든 젖니가 나와 먹을 수 있는 음식물의 종류가 다양해진다. 이 시기 하루 우유 섭취량은 600mℓ 정도, 나머지는 일반식으로 섭취하는 게 좋다. 다행히 이유식을 만들어야 하는 시기는 지난 터라 에이단과 비슷한 식단으로 한 번에 준비할 수 있었다. 매운 것을 제외하고 거의 성인 음식과 다를 바 없는 메뉴를 준비했다.

 만 1세 이전의 아이는 알레르기 조심!

만세 이전의 아이에게 달걀 흰자, 돼지고기, 붉은 살 생선, 메밀, 토마토, 신 과일, 밀, 옥수수, 코코아, 꿀 등을 먹이면 알레르기 반응을 일으킬 염려가 있다. 아이가 음식을 먹고 몸에 두드러기 등의 반응이 나타나면 한동안 그 음식을 먹이지 않는 게 좋다. 몇 개월 있다 시도해서 조금씩 양을 늘려가는 정도면 무리가 없다.

나는 어렵게 생각하지 않고 한식 위주의 요리를 해 주었다. 사실 영양이 풍부하고 맛도 좋은 음식으로 한식만 한 것이 없다. 독일의 주식은 보통 감자와 빵, 소시지 등이지만, 적지 않은 독일인들이 쌀 요리를 즐겨 어느 마트에서나 재료를 구할 수 있었다. 평소 아이들이 잘 먹지 않은 버섯이나 피망, 파프리카, 양파, 당근 등 각종 채소를 잘게 썰어 밥, 달걀 등과 함께 볶은 '달걀채소볶음밥'을 자주 해주었다. 버터로 볶아 풍미를 살리고 소금, 후추로 간을 하면 되니 어려울 것도 없었다. 다행히 아이들이 좋아했다. 이 밖에도 달걀국, 달걀말이, 달걀죽 등 달걀을 활용한 요리를 자주 해줬다.

　감자를 활용해 만든 요리도 아이들이 좋아하는 메뉴. 감자를 삶아 접시에 잘라 담고, 버섯과 양파 등을 넣어 만든 크림소스를 얹어 곁들여 먹거나, 치즈를 올려 오븐에 구워 먹으면 부드럽고 고소하다.

　이 밖에 아이들이 좋아했던 감자 요리는 감자전이었다. 독일에서도 우리나라에서처럼 감자전을 자주 해먹는데, 강판에 갈아낸 감자와 양파, 약간의 밀가루를 섞어 기름에 구워낸 것이다. 그 후 간장에 찍어 먹는 우리나라와는 달리, 사과잼과 같이 설탕으로 졸여낸 과일 페이스트를 얹어 먹는다.

　이 밖에도 토마토소스나 크림소스를 곁들인 파스타, 야채와 소시지를 빵 사이에 넣어 먹는 샌드위치도 자주 해준 메뉴이다. 요리에 재미를 붙이자 서점에 방문해 요리책을 살펴보고, 다음에는 아이들에게 어떤 요리를 해줄까 생각하기도 했다.

무엇을 먹느냐 못지않게 어떻게 먹느냐도 중요하다. 한자리에 앉아서 먹지 않고 돌아다니면서 먹거나, TV 등을 시청하면서 식사하는 것은 좋지 않은 습관이다. 아이가 한자리에 앉아 식사하게 하려면, 스스로 먹는 재미를 알게 하는 게 중요하다. 숟가락 등을 쥐여주고 음식을 충분히 탐색하고 맛보게 하자.

또 정성껏 마련한 음식을 아이가 먹지 않으려고 할 때 오페어는 곤혹스러울 수밖에 없다. 결국 나는 식사 시간을 지루한 시간이 아니라, 즐거운 시간으로 인식하게 하려고 노력했다. 평소 뽀로로를 좋아하는 아이들에게 오늘의 메뉴를 "뽀로로가 좋아하는 밥"이라고 소개하고, "맛있는 밥을 많이 먹으면 뽀로로처럼 건강해질 수 있다"고 얘기하자 먹는 양이 몰라보게 늘었다. 이후 "식사 메뉴 중에 뭐가 제일 좋으냐"고 물어보자 "맛있는 뽀로로 밥!"이라고 큰 소리로 대답한 것을 보면 꽤 효과가 있었던 모양이다.

간식 습관도 무시할 수 없는데, 가장 난감한 순간이 아이가 많은 양의 간식을 요구할 때이다. 달콤한 간식을 많이 먹으면 정작 주식을 많이 먹지 않아 간식을 제한해야 하지만, 아이들과 친밀해지면 이 요구를 뿌리치기가 쉽지 않다. 나의 경우 하루에 아이들에게 줄 간식 양을 정해두고 이 규칙을 지키도록 했다. 아이들의 식습관에 크게 신경을 썼더니 호스트 부모도 매우 만족했다.

연령별 놀이법

아이들은 연령에 따라 노는 방법도 다르다. 놀이는 아이들의 오감 발달에 중요한 역할을 한다. 출생 후부터 개월 수에 따른 특징을 살펴보고 그에 맞는 다채로운 놀이를 할 수 있도록 하자.

출생 후부터 6개월까지는 소리에 민감하게 반응하기 때문에 음악이나 노랫소리에 몸을 움직인다. 아이가 옹알이할 수 있도록 이런저런 이야기를 해주고, 음악을 자주 들려준다.

7~12개월 아이는 팔과 다리 근육이 발달해 다양한 운동 놀이를 할 수 있다. 공을 굴리거나 전화 놀이, 짝짜꿍이나 까꿍 놀이 등을 하며 아이의 흥미를 유발하자.

만 1세가 되어 걷게 되면 시야가 넓어지고 관심 대상이 확대된다. 어른들의 행동을 모방하는 놀이를 좋아하는 시기이기도 하다. 끌고 다니는 손수레나 공 등에 관심을 보이고, 흔들 목마 타기, 블록 쌓기, 운전대를 돌리는 자동차 놀이 등도 좋아할 시기이다.

만 2세가 되면 던지고 받기 놀이, 타인의 행동을 흉내 내는 역할놀이 등을 좋아한다. 또 크레용이나 색연필을 잡고 낙서하는 놀이, 찰흙이나 밀가루 반죽, 모래, 물 등을 가지고 감각을 탐색하는 놀이도 좋아할 때이다. 특히 또래 친구에게 관심을 보이기 시작하므로 주변 친구들과 어울릴 수 있는 놀이를 하면 사회성과 정서 발달에도 도움이 된다.

만 3세가 되면 기초적인 신체 운동 능력이 발달해 트램펄린 위에서 뛰거나 자전거를 탈 수도 있다. 달리기 등의 대근육 운동 놀이를 좋아하고, 퍼즐 맞추기, 가위질, 구슬 꿰기, 그림 그리기 등의 소근육 조절 능력을 발달시키는 놀이도 적절하다. 특히 3세에는 글자나 언어를 인지할 수 있으므로, 아이와 말하는 것을 즐기고 이야기책이나 동화책을 많이 읽어주는 것이 좋다. 실제로 에이단도 서서히 자신의 이름과 다비드의 이름을 구분할 수 있었으며, 그림책이나 단어책 읽는 것을 매우 좋아했다. 그림을 보며 이름이나 명칭 등을 맞추는 놀이를 자주 했는데, 이때 나도 다양한 어휘를 익힐 수 있어 도움되었다.

　만 4세가 되면 한 발로 서서 균형을 잡을 수 있을 만큼 운동 신경이 발달하고, 놀이 시설물에 오르내리는 것을 좋아한다. 또 친구와 함께 하는 놀이에 관심을 보인다. 지적 자극에 민감하게 반응하는 시기라 숫자 놀이나 문자 놀이 등도 좋아한다.

　만 5세가 되면 소근육 조절 능력이 더 발달해 모양 따라 가위질하거나 색종이를 접고, 목공 연장을 활용해 단순한 작품을 만들 수도 있다. 한발로 뜀뛰거나 기어오르고, 엎드리는 등 다양한 운동 능력을 스스로 시험해 보는 때이기도 하다. 호기심이 많아 돋보기나 저울, 온도계 등으로 관찰하고 실험하는 놀이를 즐기고, 간단한 보드게임 등 규칙이 있는 놀이도 좋아한다. 또 이것저것 궁금한 것을 쏟아내는 시기이니 적절히 대답해주는 것이 중요하다.

| 질병·사고 대처법　　오페어에게 아이가 아픈 것만큼 당황스러운 일은 없을 터. 고열에 시달리거나 기침과 콧물 등이 심한 아이를 바라보고 있는 것만으로 무척 마음이 아프다.

오페어는 아이들이 감기나 몸살, 기타 질병에 걸려 어린이집이나 유치원, 학교에 등원하지 못할 때 하루 종일 아이를 돌봐야 하는 상황이 발생한다. 이럴 때 당황하지 않고 의연하게 대처할 수 있도록 몇 가지 사항을 미리 숙지해두자.

먼저 아이들이 아파 약을 복용해야 할 때는 반드시 호스트 부모의 허락과 지시를 따르도록 한다. 아무리 고열이나 설사 등으로 아이가 괴로워할지라도 의사 또는 부모의 허락이 없을 때 임의로 약을 주게 되면 이보다 더 큰 문제가 발생할 수 있다. 아이들의 체질이나 건강 상태는 누구보다 부모가 잘 알고 있으므로 눈앞에 보이는 증상만으로 투약해서는 절대 안 된다. 부모의 허락과 지시가 있을 때 정해진 용법에 따라 투약하도록 하자.

아이가 열이 날 때는 옷을 벗긴 후 미지근한 물로 온몸을 닦아주고, 충분한 양의 수분을 공급해줘야 한다. 아이 전용 유기농 차 등을 끓여 수분 공급은 물론, 비타민을 섭취할 수 있도록 도우면 더욱 좋다.

아이가 넘어지거나 큰 상처가 났을 때도 침착하게 대처하자. 정작 아이는 괜찮은데 불안해 보이는 보호자의 표정 때문에 놀라 더욱 울음을 터뜨리는 경우도 많다. 아이가 크게 다쳐 놀랐을 때는 먼저 아이를 안아 진정시킨 후 부모에게 연락해 상황을 명확하게 설명해야 한다. 어떤 경로로 사고가 발생했는지, 어떤 도움이나 대처가 필요한지 등을 말해야 한다. 만약 10분 이상 울음을 그치지 않고 쉽게 진정되지 않는다면 병원에 가는 것이 좋다.

어학원 선택 **성공의 법칙**

앞서 말했듯이 내가 독일을 호스트 국가로 선택한 수많은 이유 중 한 가지는 바로 독일어 때문이다. 다소 거칠게 느껴질 수 있는 독일식 발음이 매력적으로 다가왔고, 독일을 비롯해 오스트리아와 스위스 등에서 독일어를 사용할 수 있기 때문에 꼭 익혀 두어야겠다고 다짐한 것이다. 그렇게 나는 '적어도 독일에 거주하는 1년 동안 독일어를 많이 익히고 사용해 돌아갈 때는 중급 실력을 갖추겠다'는 목표를 안고 독일로 향했다.

그 목표를 이루기 위해서는 무엇보다 좋은 어학원을 찾는 게 급선무였다. 사실 1년 정도 해외에 거주할 생각을 하는 이들 가운데 어학 실력 향상을 목표로 삼지 않는 이들은 거의 없다. 장기 여행을 목적으로 한다고 하더라도 기본 어학 실력은 필수 사항이다. 하지만 '좋은 어학원 찾기'에 대해서는 많은 어려움이 따른다. 일단, 현지 정보가 부족하다. 나 역시 한국에서 다니던 어학원을 통해 현지 어학원을 소개받기도 했고,

인터넷 검색을 통해 정보를 찾아보았지만 실제로 현지에서 어떻게 운영되고 있는지는 알 수 없어 답답한 적이 많았다.

한국 중개 어학원이 전부는 아니다

한국 어학원에서 중개한 현지 어학원에 등록하는 경우, 현지에 도착하자마자 공부를 시작할 수 있다는 게 장점이다. 대부분 어학원을 결정하지 못한 상태에서 출국하는 것을 두려워한다. 가장 중요한 어학 공부 시작할 곳을 한국에서부터 미리 결정하고 예상만큼 만족스러운 커리큘럼, 시설 등이 갖춰졌다면 더할 나위 없겠지만 실상은 그렇지 않은 경우가 많다. 직접 보고 확인할 수 없기에 생각과 다른 점에 실망하는 것이다.

또 특정 국가의 학생 비율이 높은 경우가 많은데, 이는 특정 국가를 대상으로 광고와 홍보가 이뤄지기 때문이다. 한국에서 접할 수 있는 현지 어학원에는 당연히 한국인 학생의 비율이 높다는 점을 감안해야 한다. 물론 한국인 학생들이 많다고 해서 꼭 나쁘다고 할 수는 없다. 함께 모여 스터디를 하거나 타지 생활의 외로움을 달랠 수 있겠지만, 나의 경우 도리어 어학 실력을 향상시키는 데 방해 요소라고 생각했다. 외로움이야 다른 외국인 친구들이나 현지 친구들을 만나는 것으로 충분하다는 게 내 생각이었다.

또 정말 좋은 어학원인지 확신이 서지 않는 상태에서 상상을 초월하는 비싼 가격을 내야 하는지도 의문이었다. 한국에서 중개하는 현지

어학원은 보통 중개 수수료가 발생하거나, 6개월에서 1년 치에 해당하는 어학원 수업료를 미리 내야 하는 경우가 많았다. 결국 현지에서 생각했던 것과 차이가 있어 중간에 학원을 그만두려고 하면 취소 수수료를 이중 부담해야 했는데, 이 수수료가 웬만한 어학원의 한 달 수업료와 맞먹었기 때문에 울며 겨자 먹기로 끝까지 다녀야 하는 경우도 있었다. 게다가 광고비 때문에 일반 어학원 수업료 보다 두 배 가까이 비싼 것도 보았으니, 이런 경험에 비추어봤을 때 한국에서 미리 장기간에 해당하는 어학원 수업료를 일시금으로 지급하는 것은 신중할 필요가 있다.

'현지 발품'이 넓힌 선택의 폭

결국 독일 현지에서 직접 발품 팔아가며 내게 맞는 어학원을 찾기로 했다. 어학원은 생각했던 것보다 많았다. 인터넷을 통해 알려지지 않은 어학원도 많았고, 시청이나 구청, 우리나라로 따지면 고용노동부나 각종 사회단체에서도 외국인·이민자들을 위한 어학원 정보를 안내해주었다. 덕분에 나는 많은 어학원에 방문해 레벨 테스트를 받을 수 있었고, 수업 커리큘럼, 학원생 수(특히 한국인 학생 비율), 학원비 등에 대해 꼼꼼히 문의해 내가 원하는 조건의 어학원을 선택할 수 있었다.

현지에서 어학원을 선택하며 굳이 어려웠던 점을 꼽으라면, 내가 독일로 떠난 때가 2월이라 각국에서 온 어학연수생들이 많아 어학원 대기 인원이 이미 찬 곳이 많았다는 것. 그것 말고는 한국에서보다 훨씬 알

찬 정보가 풍성해 오히려 만족할 만한 결과를 얻었다. 학원 관계자들은 연초에 특히 많은 학생이 몰려 적어도 3~4월 전에 미리 대기 예약 명단에 이름을 올려야 한다고 설명했다.

현지에 도착해 살펴보니, 사설 어학원 외에도 국가에서 운영하는 시민학교나 개방대학 등으로 선택의 폭을 넓힐 수 있다는 것을 알게 되었다. 비용 또한 고가의 어학원에 비하면 그다지 부담스럽지 않았다. 또 사설 어학원보다 인지도가 높고, 교육 커리큘럼이 체계적으로 구성된 것도 장점. 다양한 국가와 인종의 학생들과 함께 어울릴 수 있는 것도 좋았다.

독일의 경우 개방대학 격인 'VHS(Volks Hoch Schule)'가 있는데, 독일 전 지역 분교에서 외국인을 위한 독일어 교육 물론, 자국민을 위한 다양한 문화·예술·언어 교육 등을 시행하고 있다. 누구나 교육받기를 원한다면 방문해서 상담, 등록할 수 있다. 국가에서 시행하는 만큼 다양한 할인 제도도 마련되어 있는데, 오페어도 교육비 할인 대상으로 지정되어 있다. 그 가격이 표준 가격의 절반 수준까지도 내려가니 오페어를 위한 할인 제도가 있는지 꼼꼼히 따져보는 것도 필요하다.

이런 장점들 때문일까. 대학 부설 어학당이나 국가 운영 교육원 앞은 언제나 문전성시를 이룬다. 다니기를 희망하는 시기보다 적어도 3~4개월 전에 대기 목록에 이름을 올려두도록 하자.

| 오페어 할인 제도를
| 활용하라

대학 어학당이나 국가 운영 교육기관은 물론, 사설 어학원에도 다양한 교육비 할인 제도가 있다는 사실을 알고 있는가. 물론 모든 곳에서 이런 교육비 할인이 이뤄지는 것은 아니지만, 가고자 하는 어학원의 할인 제도를 꼼꼼히 확인해볼 필요는 있다.

사실 교육비 할인 제도를 알게 된 것은 우연이었다. 현지에서 어학원을 비교하는 과정에서 VHS를 직접 가보았는데, 홈페이지·브로슈어에서도 찾아볼 수 없던 할인 정보가 안내 데스크 직원과의 대화 속에서 튀어나온 것이다. 안내데스크 직원에게 "오페어의 수준에 맞는 수업은 어떤 것인지" 물었는데, 이를 설명하던 직원이 "오페어는 반값에 수업에 참여할 수 있다"고 말한 것이다. 이를 기억하고 두 번째 찾은 사설 어학원에서 혹시나 하는 마음에 "오페어를 위한 할인 제도가 있느냐"고 물으니 놀랍게도 "그렇다"는 대답이 돌아왔다. 그 뒤 다른 어학원에서도 마찬가지였다.

발품 팔아 찾은 어학원 중에서 내가 최종적으로 등록한 어학원은 독일 이민자들을 위해 독일어 교육을 시행하고 있는 한 사회 단체의 교육센터였다. 대기 인원도 없었고 한국인은 물론, 심지어 동양 아시아인이 한 명도 없었다. 더군다나 개강 일자가 내가 수업에 참여하고자 했던 시기와도 잘 맞았다. 수업료도 저렴했다. 처음 어학원에 방문해 상담받기 위해 전화를 걸어 수업료를 물으니 "100시간 기준 380€"라는 대답이 돌아왔다. 나는 어김없이 오페어 할인 제도에 관해 물었고, 이내 "오페어는 250€에 수업에 참여할 수 있다"는 대답을 들을 수 있었.

더 신기한 것은 지금부터! 그 후 학원에 방문해 레벨 테스트를 받고 관련 등록 서류를 작성했다. 안내를 도와주던 접수처 직원과 즐겁게 대화를 나누다가 문득 기지를 발휘해 물었다. "매번 현금으로 결제할 테니 수업료를 조금 더 저렴하게 해주면 안 될까요? 난 넉넉하지 않은 오페어니까!"라고 농담 반 진담 반으로 얘기했는데 잠시 기다려보라는 것 아닌가. 몇 분 후 센터장을 만나고 온 그가 내게 말했다.

"OK, 그렇게 하자. 하지만 다른 친구들에게는 비밀이다."

세상에나, 학원 수업료도 흥정할 수 있다니! 결국 나는 지난 1년 동안 해당 어학원에서 '100시간 기준 180€'에 교육받을 수 있었다.

어학원 밖 진짜 공부

어학원 책상 앞에 앉아 수업을 듣는 것만이 공부는 아니다. 내 독일어 실력을 키운 8할은 어학원 밖 공부였다. 어학원 밖에서 만난 사람, 환경 등 모든 것들이 어학 실력을 키울 수 있는 요소가 되지만, 그중 효과가 컸던 몇 가지를 소개한다.

| 파트너와 언어를 교환하자

오페어로 활동하며 호스트 아이들과 대화하는 것도 큰 도움이 되지만, 대화 소재나 내용 면에서 한계가 있기 마련이다. 또래 친구들을 만나 말하기 연습을 하는 것이 무엇보다 중요하다. 이럴 때 필요한 것이 '언어 교환(language Exchange)', 독일어로는 '탄뎀(Tandem)'이라고 한다. 이는 말 그대로 언어를 교환하며 학습하는 것. 독일어를 배우고자 하는 나와 한국어를 배우고자 하는 타인이 만나 서로 언어 능력을

공유하며 실력을 키우는 것이다. 이런 언어 교환 파트너는 온라인과 오프라인에서 찾아볼 수 있는데, 우선 온라인의 경우 SNS에 개설된 커뮤니티와 앱, 관련 사이트 등을 활용하면 된다. 현지인 중 한국어 배우기를 희망하는 이를 찾는 게시 글을 작성하거나, 게시 글을 찾아 파트너를 만나는 것이다.

오프라인에서 직접 언어 교환 파트너를 찾고 싶다면 대학교, 어학원, 도서관 등의 게시판을 꼼꼼히 살펴보도록 하자. 생각보다 많은 이들이 언어 교환 파트너를 찾고 있다는 사실을 알게 될 것이다. 유럽 등 해외의 많은 젊은이들은 다양한 언어를 배우려고 하고, 최소 2개에서 3개 국어 이상 할 줄 아는 이들도 많기에 언어 교환 파트너로 적격이다. 만약 대학교에 한국어학과나 한국학과가 개설돼 있다면 '대박'! 직접 학과로 찾아가 언어 교환 파트너를 구한다는 글을 게시해보자. 분명 많은 이들로부터 연락이 올 것이다.

라디오 · TV · 음악을 내 곁에

'외국어 공부 잘하는 법'과 같은 책만 하더라도 수백 권. 아마 그 수백 권의 책에 공통으로 담겨있는 노하우 중 하나는 라디오와 TV, 음악을 가까이하라는 말이다. 한국에서는 자신이 배우고자 하는 언어의 음성 자료들을 가까이하기에 엄청난 노력이 따른다. 부지런하게 자료를 검색하고 수집해야만 이를 접하고 익힐 수 있다. 그렇다 보니 막상 실천하려고 해도 자료를 찾는 과정에서 지치기 마련. 하지만 현지에 거주할 경우 이야기는 달라진다. 주변이 온통 학습 자료! 라디오와 TV는 항상 켜 두고 듣고 볼 수 있도록 하자. 알아듣지 못하고, 이해할 수 없다고 해도 생각보다 흥미로운 것들이 많다. 나는 아이들을 유치원에 데려다주고 아침 식사를 했는데, 그때마다 아침 드라마를 봤다. 처음에는 뉴스를 보려고 했지만 내용이 워낙 딱딱한 데다 어려운 전문용어들이 많아 호스트 부모가 옆에서 설명해주지 않으면 좀처럼 이해하기가 쉽지 않았다. 하지만 드라마는 일상생활에서 사용하는 표현부터 시작해서 감탄사 하나까지도 듣고 쉽게 따라 할 수 있어 흥미로웠다.

라디오 지역 방송도 항상 켜두었는데, 거기에서 흘러나오는 독일 음악들을 듣고 가수의 목소리나 음악이 좋을 경우 바로 검색해 반복 청취하거나 해당 가수의 다른 곡을 찾아 들었다.

내가 좋아하는 영화를 마음껏 볼 수 있다는 점도 좋았다. 내가 가장 좋아하는 영화나 공부하기 좋은 영화(나는 〈악마는 프라다를 입는다〉와 〈노팅힐〉 등의 영화를 반복해 봤다)를 독일어판 DVD로 구매하거나 빌려 보았다. 특히 지자체 도서관에 이름을 등록하면 서적이나 DVD, 어학 CD 등을 마음껏 빌릴 수 있으니, 도서관은 내 자유시간을 알차게 보내게 해준 일등공신이다. 이외에도 요즘에는 라디오와 뉴스, 각종 영상을 시청할 수 있는 앱도 다양하니 활용하는 것도 좋겠다. 참고로 나는 그때 익힌 습관 때문에 한국에 돌아온 지금까지도 매일매일 독일 라디오를 켜놓는다는 사실!

시험·자격증을 공략하라

열심히 공부했다면 그에 따른 결과물을 남기는 일도 중요하다. 6개월에서 1년 동안 익힌 어학 실력을 시험이나 응시 자격증 취득으로 확인해보는 것은 어떨까. 특히 한국에서 시행하고 있지 않은 다양한 시험에 응시해보는 것은 좋은 경험이 된다.

나는 한국으로 귀국하기 직전에 지난 1년 동안 공부한 내용을 바탕으로 시험에 응시해보기로 했다. 한국에서 들어보지 못했던 다양한 시험 중 'DTZ(Deutsch Test Für Zuwanderer)'에 도전하기로 했다. DTZ는 독일 이민자를 위해 마련된 시험으로, 독일어가 모국어가 아닌 이들이 독일에서 근로하는 데 필요한 수준의 독일어 능력을 증명하는 시험이다. 이 시험에 합격할 경우 일자리를 찾는 데 도움이 될 수 있다.

마침 DTZ의 수준이 나의 어학 수준인 B2와 같아 다른 어학시험과 대체할 수도 있었다. 시험은 듣기, 쓰기, 말하기 등 세 가지 영역으로 구성되어 있으며, 말하기는 세 명의 심사관이 있는 시험장에 2인 1조로 들어가 질문에 따른 대답을 하는 방식으로 이뤄진다. 나는 좋은 성적으로 DTZ 시험에 합격했고, 인증서에 찍힌 내 이름을 볼 때마다 여전히 뿌듯하다.

DTZ 합격증

ZERTIFIKAT
DEUTSCH-TEST FÜR ZUWANDERER

Yang	Ho-Yen
Name	Vorname
20.02.1990	Seoul/ROK
Geburtsdatum	Geburtsort

Hören / Lesen	B1	43,0	Punkte
Schreiben	B1	17,0	Punkte
Sprechen	B1	79,5	Punkte
Gesamtergebnis*	**B1**		

Datum der Prüfung	09.01.2015
Teilnehmernummer	
Datum der Ausstellung	27.01.2015

*Mit dem Gesamtergebnis B1 werden ausreichende Kenntnisse der deutschen Sprache gemäß § 3 Abs. 2 Integrationskursverordnung (IntV) nachgewiesen.

AVICENNA Institut e.V.
Adalbertstr. 26 • 60486 Ffm
Tel. 06971712874 Fax 06971402076
info@avicenna-ev.de
www.avicenna-ev.de

Geschäftsführer

Prüfungszentrum / Prüfungsinstitution

외국인 친구 사귀기

해외에서 지내다 보면 자연히 외국인 친구들이 많아질 것으로 생각하지만, 한마디로 오산! 사실 외국인들 사이에서 한국인들은 '자기들끼리 몰려다니기 좋아하는 이들'로 소문이 났다. 모든 한국인이 그렇다고 단정 지을 수는 없지만, 이미 유튜브에 이런 점을 풍자하는 비디오가 셀 수 없으니 웃고 넘길 얘기만은 아니다. 해당 비디오에서 이야기하는 것과 주변 외국인 친구들의 얘기를 종합해보면, 한국인은 부끄러움이 지나치게 많다. 틀림에 대한 두려움이 크기 때문이다. 이런 이유로 적극적으로 자신의 의사를 표현할 수 없고, 외국인들에게 친밀하게 다가가기도 어려운 것이다.

'틀림'을 두려워 말라

뻔한 얘기일 수 있지만 우선 틀림에 대한 두려움을 없애는 것이 외국인 친구 만들기의 첫째 조건이다. 나도 처음에는 틀릴까봐 말하기를 꺼렸다. 그러다가 문득 한국어를 배우기 위해 한국에 사는 외국인들을 떠올려봤다. 파란 눈의 외국인이 한국어로 말하다가 틀렸을 때, 사람들은 그를 보고 손가락질했던가? 아니면 서툴고 어눌하지만 귀엽다고 느낄까? 아마 대부분의 사람들이 귀엽게 느끼고 도와주고 싶다는 생각을 할 것이다. 이런 생각을 하니 내 마음도 한결 편해졌다.

새로운 친구를 사귀고 싶은 진심과 의지, 그리고 친구와 나 사이에 그 무엇이라도 공통분모가 있다면 대화의 물꼬는 터지기 마련이다. 그리고 다양한 국적의 친구가 많아지면 더욱 흥미로운 일들이 꼬리를 물고 생기기도 한다. 예를 들어 친구의 출신 국가를 함께 여행한다거나 혹은 한국으로 그를 초대해 다양한 우리 문화를 소개할 수 있는 기회도 주어질 것이다.

다국적 친구가 가장 많은 곳은 역시 어학원이다. 비슷한 어학 수준과 가까운 거주지 등으로 공감대를 형성하기에 가장 좋다. 또 수업에서 배운 내용을 활용해 함께 어학 실력을 키울 수 있다. 나의 경우에도 처음에는 독일어 실력이 부족해 주로 영어로 대화를 나눴는데, 한두 달이 지나면서 어느새 독일어로 대화하는 친구가 많아졌다. 독일에서 가장 친하게 지냈던 친구 크로아티아인 이바나(Ivana Batinović)도 어학원에서 만났는데, 처음 만났을 때는 100% 영어로 대화를 나누다가 한두 달 지나면서 자연스럽게 독일어로 대화하게 됐다. 그러다 문득 "우리가 어느새 독일어로 대화하고 있는 걸 보면 참 신기하지 않아?"하고 말하며 서로 뿌듯해 했다.

어학원 외에도 앱이나 온라인 커뮤니티 등을 활용해 친구를 사귀는 방법도 있다. 앱과 커뮤니티에 게시된 다양한 모임 공지 등을 살펴보고, 흥미로운 모임이 있다면 참여하는 것이다. 예를 들어 프랑크푸르트 거주 외국인 모임도 좋고, 자전거나 여행, 등산 등 취미에 따라 결성된 커뮤니티도 좋다. 혼자라고 낯설어할 필요는 없다. 모임을 찾는 이들의 대부분이 혼자 참석해 많은 이들과 친구 관계를 맺어 집으로 돌아가니까.

다양한 국적의 외국인 친구를 사귄다는 것은 단순히 언어 공부를 위한 목적을 넘어, 다양한 나라의 문화, 역사, 종교 등을 간접 경험한다는 데에서 큰 의미를 지닌다. 물론, 그만큼 미리 알고 신경 써야 할 부분도 많다. 그 사람이 중요시하는 문화와 역사, 종교에 맞는 예의를 갖춰야 하기 때문이다. 국가 혹은 종교에 따라 금기시 되는 표현이나 행동은 삼가도록 하고, 그들의 문화나 의식에 의견 차가 있다 해도 다양성을 존중하는 배려를 잃지 않도록 하자.

어느 커뮤니티가 좋을까

내가 주로 이용한 커뮤니티는 '페이스북(www.facebook.com)'과 '미트업(www.meetup.com)', '독일 거주 한인 커뮤니티(www.berlinreport.com)' 등이다. 특히 미트업은 전 세계적으로 거대한 인프라가 갖춰져 있어, 자신이 거주하고 있는 국가와 지역을 설정하면 결성된 모임 목록을 한눈에 볼 수 있다. 주기적으로 업데이트되는 정보를 이메일로 받아볼 수도 있으니 유용하다. 이곳에는 다양한 취미활동을 함께하거나, 정보 등을 공유하는 모임이 많이 결성되어 있으니 꼭 가입해 활용해보자.

| 내 친구를
소개합니다

독일에서 만난 다국적 친구들은 나와 같은 시·공간에 살고 있었지만, 전혀 다른 가치관과 목표, 개성을 가지고 있었다. 그들과 시간을 나누는 일은 언어 실력을 키우는 것 이외에도 타인과 타국에 대해 시야를 넓히는 것은 물론, 힘든 일을 겪을 때 해답을 찾는 돌파구가 되어 주었다. 언젠가 다시 독일에 돌아가거나 그들의 나라를 방문해도 두 팔 벌려 나를 환영해줄 친구들이 있기에 지난 독일 오페어 생활이 헛되지만은 않았다. 독일 생활에 큰 힘이 되어준 것은 물론, 인생의 중요한 일이 생길 때마다 나를 도와줄 독일에서 만난 소중한 친구들을 소개한다.

함께 어학 실력을 키운 동료, 이바나 Ivana Batinović(1987)

따뜻한 집에서 함께 생활하는 호스트 가족이 있다고 해도 털어놓지 못할 고민은 있는 법. 오페어의 고민을 고스란히 들어주던 크로아티아 친구 이바나는 사실 호스트 가족보다 더 가까운 존재였다. 특히 이바나는 어학원 초급반에서 독일어 실력을 함께 키운 좋은 동료이기도 하다. 사랑하는 남자친구를 따라 무작정 독일로 건너온 그녀 또한 독일어 초보자였는데, 나와 함께 공통된 관심사인 패션과 액세서리, 메이크업 등의 대화를 나누면서 독일어 실력이 월등히 향상되었다.

우리는 점심시간에 티 타임을 가지며 부족한 독일어 실력을 보완해 나갔고, 주말이나 저녁에는 함께 맥주를 마시거나 파티에 참석하며 즐거운 추억을 쌓았다. 독일에서 한국에 돌아와 1년이 넘는 시간 동안 떨어져 지냈음에도 불구하고 우리는 여전히 주기적으로 대화를 나누고 서로의 근황을 묻고 있다.

맛집 탐방으로 쌓은 우정, 세닷 Sedatt Ekşi(1988)

터키인 친구 세닷도 어학원에서 알게 된 친구이다. 연상의 독일 국적 아내를 둔 탓에 독일로 건너와 자동차 회사 'Opcl'에서 근무하고 있다. 190cm의 키, 100kg이 넘는 몸무게 탓에 블랙 가죽 재킷을 입기라도 하면 그 누구도 가까이 다가오려 하지 않는다. 게다가 터키 남자들은 '상남자'의 분위기를 갖추는 것이 굉장히 중요하다고 생각해서 "터키 남자는 전 세계에서 가장 강인하다"는 말을 입에 달고 사는 유쾌한 친구다. 이런 세닷과 친해진 계기는 바로 '맥주'와 '케밥'. 오페어로 지낸 지 얼마 되지 않았을 때는 아이들을 챙기느라 정신이 없어 저녁 식사를 허술하게 먹고 학원으로 향하는 일이 잦았다. 그때마다 배가 고프다고 칭얼거리는 나의 식사 파트너가 되어준 이가 바로 세닷이다. 함께 간단히 케밥 먹는 것으로 시작해서 점차 프랑크푸르트는 물론 오펜바흐와 다름슈타트 등 옆 동네까지 맛집 탐험을 다니게 되었다. 나는 세닷에게 맛있는 한·중·일식 레스토랑을 소개했고, 그는 내게 유명한 터키 음식점을 소개해 주며 맛집 탐방을 함께했다.

한국을 공부하는 독일 청년, 크리스 Christopher Dominic Hopfgarten(1990)

우리의 첫 대화는 페이스북 메신저를 통해서였다. 독일에서 지낸 지 6개월쯤 되었을 때 한 동갑내기 독일 청년으로부터 메시지 한 통이 도착했다. 자신을 프랑크푸르트 괴테 대학생으로 소개하던 그는 한국의 역사와 경제, 사회 문제에 관심이 많다고 했다. 마침 메시지를 보낼 때도 한국 여행 중이었는데, 독일에 돌아가면 꼭 만나자고 했다. 몇 주 후 우리는 독일에서 만나 금세 친해질 수 있었다. 그리고 매주 수요일마다 함께 공부하기로 약속했다. 나는 독일어를, 크리스는 한국어를 공부하면서 잘 모르는 내용에 대해 서로 알려주었다. 크리스 덕분에 나는 프랑크푸르트 괴테대 학생식당에서 식사하기도 하고, 지역의 숨은 명소도 방문할 수 있었다. 내가 한국으로 돌아와야 할 때는 함께 공부했던 추억 때문에 헤어지기가 영 아쉬웠는데, 얼마 지나지 않아 크리스로부터 반가운 소식이 들렸다. 바로 프랑크푸르트 괴테대학교와 자매결연을 맺은 연세대학교에서 6개월간 공부를 하게 됐다는 것이다. 결국 우리는 한국에서 다시 만나게 되었고, 현재까지도 꾸준히 서로를 응원하고 있다.

이웃에서 친구가 되기까지, 슈테판 Stephan Schönherr(1990)

슈테판을 처음 만난 것은 늦은 밤, 골목 어귀에서였다. 간신히 탄 마지막 트램에서 내려, 집까지 이어진 어두운 골목길을 따라 걷고 있었다. 불안감이 엄습해 뒤를 돌아보니 키 185cm쯤은 돼 보이는 한 남자가 나를 따라 걷고 있었다. 검은 모자를 눈 아래까지 푹 눌러쓰고, 검은 안경, 검은 재킷에 검은색 바지를 입은 그는 심지어 검은 자전거까지 끌고 있었다. 몇 차례 뒤를 돌아보다 이대로는 안 되겠다 싶어 그 자리에 멈춰서 대뜸 "할로!"하고 외쳤다. 고개를 든 그가 흠칫 놀라 걸음을 멈췄고 몇 초의 정적 후 그가 "할로!"하고 인사했다.

그렇게 슈테판과의 첫 대면을 하고 그가 옆 골목에 살고 있으며, 나와 동갑내기라는 사실을 알게 됐다. 생각했던 것과는 달리 무척 섬세하고 친절한 탓에 우리는 얼마 지나지 않아 함께 식사하고, 산책하는 친한 사이가 되었다. 특히 가까이 사는 이웃이기에 동네 식당에서 만나 함께 밥도 먹고 이런저런 이야기를 나눈 후 귀가할 수 있다는 점도 소소한 재미였다. 덕분에 독일 생활에 어려운 점이 있을 때는 조언을 얻기도 했다. 다소 냉철한 독일인의 이미지와는 정반대인 세심한 성격 덕분에 독일인에 대한 '편견'을 깨뜨리게 해준 친구이기도 하다.

오페어 고민상담소

　　아무리 장점이 많은 오페어의 삶이라도 100% 만족은 없는 법. 나를 비롯한 많은 오페어들이 가장 힘든 점으로 일과 쉼의 경계가 모호한 점을 꼽았다. 호스트와 한가족처럼 생활하는 공간에서 일까지 해야 하는 책임이 동반되므로 일상 속 사소한 스트레스가 매우 크게 느껴지기도 한다. 이 문제로 인해 오페어를 시작한 지 6개월이 지날 즈음에는 '일을 그만둬야 하나'하는 고민까지 들었다.

| 진솔하게 터놓는
오페어의 고민

　　내가 가장 난감했던 순간은 아이들이 아플 때였다. 귀엽고 사랑스러운 아이들이 아프면 안타까우면서도 어쩔 수 없는 죄책감이 들었다. 혹시 아이를 돌보는 나의 잘못 때문에 아이들이 감기에 걸린 것은 아닐까 하는 생각에 마음이 편치 않았다. 유독 청결에 주의했던 것도 그런 이유에서였다.

그런 한편으로 나의 일정에 차질이 생겨 속이 상하기도 했다. 나는 평소 아이들이 유치원에 있는 동안 '언어 교환'을 위한 스터디 모임에 참석하거나 피트니스센터·문화센터 등에서 운동을 했다. 그런데 아이들이 아프면 이런 일정들을 모두 취소할 수밖에 없었다. 수업료를 지급해 놓고도 어학원에 갈 수 없을 때는 짜증이 밀려오기도 했다. 어학 실력을 향상시키기 위해 독일에 온 이유가 큰데, 이를 잘 이행하지 못하고 있다는 사실에 화가 났다. 아이들을 제쳐놓고 나의 일정을 무리하게 이행할 수는 없었고, 반대로 아픈 아이들을 원망할 수도 없으니 답답할 노릇이었다. 이 밖에도 두 달에 한 번씩 유치원이 문을 닫거나 오전에만 운영하고 오후에는 운영하지 않는 경우가 있었는데, 이런 때 온종일 아이들을 돌봐야 하는 상황에 스트레스가 심해졌다.

또 다른 고민은 음식에 대한 부분이었다. 나는 워낙 음식을 가리지 않고 잘 먹는 편이지만, 몸이 좋지 않을 때는 한식이 몹시 그리웠다. 혼자 사는 한국인 친구들은 한인마트에서 직접 재료를 사 요리해 먹을 수 있었지만, 호스트 가족과 함께 생활하고 있는 나는 마음껏 한식을 먹기 어려웠다. 호스트 가족이 특유의 냄새가 심한 김치나 된장에 거부감이 있을까 봐 한국인 친구 집이나 한인식당에 가지 않고서는 한식을 먹지 못했다. 김치나 된장 등을 냉장고에 넣어놓는 일조차 눈치가 보이는 게 사실이었다.

또 집안 분위기에 따라 눈치를 봐야 할 때도 있었다. 워낙 호스트 부모의 사이가 화목해 어려웠던 때가 많지는 않았지만, 간혹 부부간의 사소한 다툼이 일어나거나 호스트 부모의 친인척이 좋지 않은 일을 당하기라도 하면 나까지 분위기에 동요될 수밖에 없었다. 물론 한 가족의 구성원처럼 지내기 위해 오페어 계약이 이뤄진 것이라 해도, 가끔 이렇게 불편해지는 것은 부정할 수 없는 현실이었다.

사실 일상생활에서 작은 마찰이나 대립이 생기는 것은 진짜 나의 가족이라 해도 피할 수 없는 문제이다. 이럴 때 전문가들은 대화를 통해 문제를 풀어가라고 조언하곤 한다. 진부한 얘기 같지만, 서로 간의 이해와 배려를 우선으로 대화하면 생각보다 일이 쉽게 풀린다. 실제로 나의 고민도 대화로 해결한 적이 많이 있다. 아이들 때문에 어학원에 가지 못하는 문제는 호스트 가족과의 대화를 통해 저녁 시간으로 수강 시간을 변경해 해결했고, 이밖에 소소한 문제들도 정중한 태도로 묻고 대화로 해결해나갔다. 또 가끔은 여행을 통해 힘든 일을 털어내고, 타인의 조언을 들으며 긍정적인 생각을 가지려고 노력했다.

다른 오페어들의 고민 해결법

그렇다면 다른 오페어들은 어떤 고민을 가장 많이 할까. 그리고 어떻게 문제를 해결하고 있을까. 오페어로 일하고 있는 이들이 한 커뮤니티를 통해 자신이 겪고 있는 고민을 공유했다. 그리고 이런 고민에 많은 경험자가 답변을 해주었다. 내게도 벌어질 수 있는 만일의 사태에 대비해 어떤 고민이 있는지 살펴보고, 그에 따라 현명하게 대처할 방안을 미리 생각해보자.

오페어 고민 1.

월마다 지급되는 용돈을 주지 않아요. 호스트 부모에게 월급이 들어오지 않았다고 말하니 실수했다면서 다음 달에 함께 준다고 말을 했어요. 하지만 다음 급여 날이 되었는데도 주지 않네요. 돈 문제이다 보니 직접 말하기가 어려워 한참 고민하다가 조심스럽게 물어보았습니다. 그런데 '넣어주려고 했다'며 도리어 짜증 섞인 말투로 대답하더군요. 그런데도 만약 주지 않는다면 저는 어떻게 해야 하죠?

➡ 임금 체불에 대한 문제는 유순하게 넘어갈 문제가 아닙니다. 어떤 경우라도 당당하게 요구할 수 있는 권리입니다. 가장 중요한 것은 오페어 계약서와 임금을 지급한 통장명세서입니다. 만약 임금 지급을 또다시 연체한다면 오페어 계약서와 통장명세서를 준비해 당장 지급해 달라고 요구한 후, 앞으로도 지급 날짜를 명확하게 지켜주길 바란다고 확실하게 주장해야 합니다. 그렇지 않을 경우 현지에 있는 한국 영사관이나, 지역 근로상담센터 혹은 노동청을 통해 도움을 받는 것이 좋습니다.

오페어 고민 2.

내가 여기에 식모살이하러 왔나 하는 생각이 들어요. 아이를 돌보고 저녁 식사를 챙겨주고, 청소까지 하고 제 방으로 들어오면 왜 그렇게 녹초가 되는지 모르겠어요. 방에선 꼼짝하기 싫어지고, 그 핑계로 공부도 멀리하게 되네요. 쉬는 날도 쉬는 게 아닌 것 같아요. 일터와 집이 구분되어 있지 않은 게 가장 힘들어요. 쉬는 날에도 가족 입장에서는 함께 즐거운 시간을 보내는 것이지만, 나에게는 아이들과 함께 있는 것 자체가 일의 연장이라는 생각이 들어 힘이 듭니다.

➲ 많은 오페어들이 호스트 부모와 이런저런 갈등을 겪습니다. 호스트의 인간적인 부탁을 거절하기 힘든 것이 오페어의 입장이지만, 근무 시간이 지나치게 많아질 경우 어필할 필요가 있습니다. 계약 시 근무 시간, 조건 등과 관련해 확실히 합의하는 것이 무엇보다 중요하고, 합의 사항이 위배되었을 때 현명하게 대응하는 자세가 필요합니다.
이때 문화 차이도 갈등을 증폭시키는 원인 중 하나입니다. 예를 들어 한국인 대부분은 불만에 대해 직설적으로 말하지 못하는 경우가 많은데, 서양에서는 이럴 때 '불만이 없나 보다'고 생각하게 됩니다. 이런 상황이 반복되면 한국인은 참고 참다 불만을 터뜨리게 되고, 이를 받아들이는 외국인은 좋지 않은 감정을 갖게 되죠. 여기서 알아두어야 할 것이 문화와 사고방식의 차이를 이해하는 것입니다. 자신이 거주하고 있는 국가나 국민의 특성, 혹은 호스트 가족의 성향을 잘 파악한 후 편안한 대화로 정당하게 문제를 해결해 나갈 필요가 있습니다.

이밖에도 오페어를 떠나기 전 20대 여성들은 호스트 가족의 아빠로부터의 성추행 등을 고민하기도 했다. 나의 경우에도 오페어 생활을 막 시작했을 때 호스트 가족의 엄마가 출장을 가고, 호스트 가족의 아빠와 아이들이 함께 있는 데 왠지 불안한 마음이 들었다. 밤에 잘 때 문 앞에 묵직한 의자를 놓고 잤던 것도 그 이유. 물론 기우였고, 설마 아이를 봐주는 사람에게 그럴 수 있을까 싶지만 만약의 사태에 대비해 항상 조심하는 것은 필요하겠다.

위기 상황 대처 매뉴얼

위기 상황은 예상치 못한 곳에서 발생한다. 아무 탈 없이 1년을 보낸다면 더없이 좋겠지만, 위기 상황이 발생하더라도 우왕좌왕하지 말고 현명히 대처하자. 외교부에서 알려주는 위기 상황 대처 매뉴얼을 정리했다.

☐ 여권 재발급받기

여권을 분실했을 때는 즉시 가까운 현지 경찰서를 찾아가 여권 분실 증명서를 만들어야 한다. 이때 좀 더 편리하고 신속하게 처리하기 위해서는 미리 여권을 복사해두는 것이 좋고, 여권 번호와 발행연월일을 메모해 두는 것이 편리하다. 또 자신이 거주하고 있거나 여행을 떠날 지역의 공관 주소나 연락처 등을 메모해 두면 훨씬 유리하다. 여권을 재발급받기 위해서는 분실 증명서와 여권용 컬러사진 2장, 여권 번호, 여권발행일 등을 기재한 서류를 제출해야 한다.

☐ 현금을 분실했을 경우

소매치기나 강도가 많은 해외 지역에서 현금을 분실했을 경우 사실상 찾을 방법이 없다. 다만 현금이나 신용카드 등을 도난당하거나 분실해 긴급 경비가 필요한 경우에는 '신속 해외송금 지원제도'를 활용하는 것도 방법이다. 대사관이나 영사관에 전화하거나 방문해 긴급 경비를 요청한 후, 국내 연고자에게 직접 연락해 입금해달라고 요청하면 된다.

☐ 강도를 만났을 경우

저항은 금물! 금품 쪽으로 관심을 유도해야 한다. 금품보다 생명이 더 중요하다는 것을 잊지 말아야 한다. 우선 그들이 무엇을 원하는지 알아낸 후 가급적 그 요구를 들어주는 것이 바람직하다. 저항 의사가 없다는 것을 알려주고 고개를 숙이고 두 손을 들어 주머니에 있는 것을 가져가라고 하거나, 자신이 꺼내도 되겠느냐고 조심스레 물어본 후 내어준다. 금품이 없을 경우 분풀이 범죄를 하는 경우도 많다. 적당한 비상금을 현금으로 가지고 다니는 것도 상해를 당하지 않는 예방법이다.

☐ 교통사고가 났을 때

해외에서 운전할 때는 우리나라와 다른 교통법이나 규칙 등을 잘 숙지하는 것이 우선이다. 그런데도 교통사고가 났을 때는 당황하기 마련이지만, 무엇보다 마음을 가라앉히고 침착하게 대처해야 한다. 가장 먼저 경찰 입회하에 사고 당사자 간 면허증과 보험증을 확인하고, 곧바로 보험사 대리점에 연락해야 한다.

사고 후 지나치게 위축된 행동이나 성급한 사과는 잘못을 인정하는 것으로 이해될 수 있으니, 사태를 객관적으로 파악할 수 있는 관계자가 도착하기 전까지는 차분한 태도를 유지하는 것이 중요하다. 목격자가 있을 때는 진술서를 확보하고, 사고 현장 변경에 대비해 사진을 촬영해 두는 것이 좋다.

의사소통에 어려움이 있어도 걱정할 것은 없다. 가장 먼저 현지 인근 공관에 연락해 상황을 설명하고 통역 선임에 대한 안내를 부탁하면 된다. 급하게 귀국해야 하는 경우에는 현지 대사관 등에 연락해 항공편마다 약 6개의 여분이 있는 'Emergency Seat'을 배정해 달라고 요청하면 된다.

au pair

Part 4

유럽 여행의 기술

오페어의 여행 캘린더

나와 비슷한 시기에 워킹홀리데이로 독일에 온 친구들은 나에게 줄곧 물었다. 어떻게 그렇게 여행을 많이 다닐 수 있느냐고 말이다. 계약서에 명시된 것처럼, 오페어에게는 12개월 근무 계약 시 1개월의 유급 휴가가 의무적으로 주어진다. 이때를 활용해 장기 여행을 충분히 고려할 수 있다. 하지만 나는 그보다 잦은 횟수로 유럽 여행을 떠났다. 그 이유는 주어진 한 달 휴가 외에도 주말과 국가 공휴일을 활용하면 적지 않은 기회가 생겼기 때문이다.

유급휴가와 공휴일 활용하기

오페어마다 세부 계약 조건이 다르지만, 대개 매주 토·일요일, 공휴일에 쉴 수 있고, 한 달간의 오페어 유급 휴가를 포함해 여름 휴가, 겨울 휴가(크리스마스와 연말·연초) 등을 사용할 수 있다.

나라별로 약간씩 차이는 있을 수 있지만 유럽에서는 이스턴홀리데이(부활절) 휴가 기간도 꽤 길게 주어진다. 이러한 장기 휴일에는 보통 하던 일을 쉬고 주변 국가로 여행을 떠나는 이들이 많다. 호스트 가족도 이때마다 주변 국가로 여행을 떠나거나, 조용한 별장을 찾아 가족 여행을 즐기곤 했다. 이 기간이 짧게는 일주일에서 길게는 한 달 정도이니, 나 역시 달력을 보며 여행 계획을 세울 수 있었다.

　보통 평일 자유 시간이나 주말에는 독일 근교로 여행을 떠났다. 프랑크푸르트는 주변 도시와의 연계성이 좋아 근교 여행하는 데 불편함이 없었다. 독일 동부, 남부 등 다소 거리가 먼 여행지나 다른 유럽국으로 여행할 때는 짧게는 일주일, 길게는 한 달까지 장기 여행을 계획했다. 장기 여행은 여름 휴가, 겨울 휴가, 이스턴홀리데이 휴가 기간에 떠났다. 호스트 가족은 오페어 계약서를 작성할 때부터 내게 이스턴홀리데이 휴가 기간에 유급 휴가를 사용할 것을 제안했기 때문에, 미리부터 장기 여행을 준비할 수 있었다.

한 달의 유급 휴가를 꼭 한꺼번에 써야 할까?

오페어에게 주어지는 한 달간의 유급 휴가를 한꺼번에 쓸지, 나누어 쓸지는 가족과 협의를 통해 조정할 수 있다. 나의 경우에는 봄, 여름, 겨울 총 세 번에 걸쳐 유급 휴가를 나누어 썼다. 만약 장기 여행을 떠날 마음이 없다면 한 달에 하루, 이틀씩 휴가를 사용할 수도 있다. 이를테면 직장에서의 '월차' 개념처럼 말이다.

오페어의 여행 캘린더

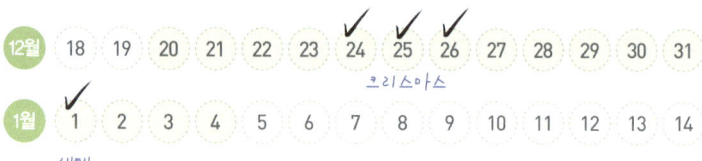

근무 기간	2014년 2월 15일~2015년 2월 14일
휴무	매주 토요일, 일요일, 공휴일(아래는 독일 기준 공휴일 목록)
	3월 5일 : 재의 수요일(사순절이 시작되는 첫날)
	4월 17일 : 세족 목요일(부활절 전의 목요일)
	4월 18일 : 성금요일(1년에 한 번 예수의 재판과 처형을 기리는 날)
	5월 1일 : 노동절
	5월 9일 : 성령 강림절 뒤 첫 월요일
	10월 3일 : 독일 통일의 날
	12월 24~26일 : 크리스마스
	1월 1일 : 새해

현지인 시선으로 여행하다

오페어로 독일에 살며 근교는 물론, 주변 유럽국으로 여행할 기회를 가진 것은 나에게 큰 행운이었다. 멀리서 꿈꾸던 유럽과, 이곳에 머물며 여행하는 유럽은 확실히 달랐기 때문이다. 독일에 거주하고 있는 '오페어'이기에 관광지 입장 시 각종 할인을 받을 수 있는 혜택이 주어진 것은 물론, 여유롭고 느긋하게 여행하는 마음마저 생겼다. 꼭 가봐야 할 곳이라도 지금 여의치 않다면 내일 가도 되고, 또 이번에 못 간다면 다음 번 여행 일정에 끼워 넣으면 될 일이었다.

여행 중 만난 현지인과 허물 없이 대화할 수 있는 것도 좋았다. 유럽 여행 중에 만난 현지인에게 '독일 오페어'라고 나를 소개하면 친근하게 느껴 먼저 도움을 주거나, 가족·친구가 독일에 살고 있는 경우가 많아 공감대가 형성되는 계기가 되었다. 덕분에 나는 유럽 여행을 하기 전 갖고 있던 초보 여행자로서의 두려움을 떨쳐버릴 수 있었다. 더불어 현지인 시선으로 여유롭게 그곳을 바라보는 진정한 여행을 할 수 있게 됐다.

호스트 가족이 여행 시 오페어는 반드시 집을 비워야 할까?

호스트 가족이 장기 여행을 떠나면 보통 오페어도 이 시기를 활용해 여행을 떠난다. 하지만 나의 경우, 너무 긴 휴가 기간이 부담되기도 했다. 아무래도 장기 여행할 만큼의 자금을 마련하는 데 어려움이 따랐기 때문이다. 그렇다면 이럴 때 오페어는 반드시 집을 비워야 할까? 꼭 그렇지는 않다. 나는 40일이 넘는 휴가 중에 23일만 여행하고 나머지 기간에 집에 머무르는 것으로 가족들과 합의했다. 그러니 불편한 점이나 의문점이 생기면 혼자 끙끙 앓지 말고 호스트 가족에게 양해를 구하자. 오페어와 호스트 사이에서 발생할 수 있는 사소한 문제는 의외로 대화를 통해 해결할 수 있는 것들도 많으니까.

독일 근교 **여행**

　독일 여행은 주로 아이들을 유치원에 바래다주고 난 후의 평일 자유시간이나 주말, 또는 공휴일에 떠났다. 사실 여행이라고 해서 거창하게 생각할 필요는 없다. 대문 밖을 나서면서부터가 '여행의 시작'이니까. 유럽은 워낙 교통망이 체계적으로 갖춰져 있어 지하철이나 버스, 트램만 타면 근교로 쉽게 나갈 수 있다. 마음만 먹으면 얼마든지 여행할 조건을 갖춘 셈이다. 덕분에 나는 짬 날 때마다 가까운 곳부터 다소 먼 곳까지 독일 여행을 하며 오페어 생활에 활력을 불어넣을 수 있었다.

| 단기 여행을
위한 준비

　독일 여행은 보통 반나절이나 당일, 혹은 1박 2일 기간으로 떠났다. 프랑크푸르트에 거주하고 있던 나는 반나절 여행으로 오펜바흐(Offenbach), 마인츠(Mainz), 다름슈타트(Darmstadt), 비스바

덴(Wiesbaden) 등을 둘러보았다. 이들 도시는 지하철이나 버스, 트램만 타면 1시간 이내에 닿을 수 있는 도시들이라 훌쩍 떠나기에 부담이 없었다.

이마저도 여의치 않을 땐 프랑크푸르트 시내 곳곳을 돌아다녔다. 친구들이나 호스트 가족이 추천해준 명소를 찾거나 지상 트램을 타고 종착역까지 가보기도 했다. 이렇게 시간 날 때마다 근교 여행을 하면서 인터넷이나 지도만으로 알 수 없는 보물 같은 명소에 감탄하기도 하고, 새로운 문화를 체험하는 기회를 얻기도 했다.

단, 평일 자유시간에 떠나는 반나절 여행 시 주의할 점이 있다. 아이들에게 발생할 비상 상황에 대비해 1시간 이상 떨어진 곳은 피하는 게 좋다. 실제로 나는 아이들이 아프거나 다치는 등의 사고로 급히 유치원에 가야 할 일이 있었다. 이에 대비해 아이들의 유치원에서 1시간 이상 소요되지 않는 곳을 평일 여행지로 택했다.

주말이나 공휴일 등에 떠나는 당일, 혹은 1박 2일 여행은 반나절 여행에 비해 약간의 준비가 필요하다. 나는 주말여행을 할 때 고속버스를 가장 많이 이용했다. 가격이 워낙 저렴한 데다가 여행 하루 전이나 1시간 전에도 남은 좌석이 많아 티켓을 구매하는 데 어려움이 없었기 때문이다. 특별히 정해둔 목적지가 없을 땐 가장 티켓이 저렴한 곳으로 떠나기도 했다. 하루 전날 저렴한 티켓을 검색해 본 후 흥미로운 지역이 있다면 온라인 예매하고 다음 날 바로 떠났다. 보통 6시부터 운행하는 토요일 아침 첫 버스를 많이 이용했다.

기차를 타고 떠나는 날도 많았다. 뮌헨(München)이나 퓌센(Füssen)

등으로 떠나려면 버스로 7시간 이상이 소요되는데, 기차는 소요 시간이 그의 절반 수준이다. 기차로 떠날 땐 여행 한두 달 전쯤 티켓을 예약해뒀다. 기차는 특히 일찍 예매할수록 저렴하기 때문이다. 야간기차를 타는 일도 많았다. 기차에서 자면서 이동할 수 있으므로 숙박비와 시간을 아낄 수 있었다. 대개 금요일 밤에 출발해 일요일 밤 집으로 돌아오는 여정일 때 야간기차를 이용했다.

여행지에서 하룻밤 묵어야 하는 때는 숙소를 예약해두는 편이 좋다. 사실 예약하지 않고도 현지에서 숙박료를 지급하고 체크인할 수는 있지만, 관광객이 적은 소도시의 경우 숙소가 그다지 넉넉지 않고 성수기에만 운영하는 경우도 종종 있기 때문이다.

단기 여행을 할 때는 촘촘한 여행 계획이 필요하지는 않지만 여행지의 숙소, 교통편 정도는 미리 살펴본 후 떠나는 것이 짧은 여행 시간을 낭비하지 않는 방법이다.

| 축제 때 가면
| 일석이조

유럽 전역이 그렇듯 독일에서도 꽤 활발히 축제가 개최된다. 지역별 특산품이나 수공예품을 판매하는 장터나 벼룩시장 등이 주기적으로 열리고, 대규모 전시나 축제, 국제행사 등이 거의 매달 진행된다. 내가 살던 프랑크푸르트도 마찬가지였다. 이 크고 작은 행사에 거의 매번 참석한 것은 내가 살고 있는 지역의 매력을 더 자세히 들여다보고 싶은 마음에서다.

Part 4 유럽 여행의 기술 169

프랑크푸르트를 대표하는 축제는 모터쇼와 도서전, 카니발, 박물관 축제, 크리스마스 마켓 등 셀 수 없이 많다. 나는 이 중에서 특히 카니발과 크리스마스 마켓이 가장 기억에 남는다. 카니발은 독일에 도착한 지 며칠 지나지 않아 참석한 첫 축제이었기에 더 애틋하고 즐거웠고, 도서전과 크리스마스 마켓은 독일에 오기 전부터 꼭 가보고 싶었던 터라 뜻깊었다.

특히 관심 있는 독일 명소를 축제 때 찾으면 훨씬 재밌는 여행을 할 수 있다. 축제 기간에 여행하여 100% 만족했던 곳이 바로 '슈투트가르트(Stuttgart)'이다. 뮌헨에서 전 세계적으로 유명한 맥주 축제 '옥토버페스트(Oktoberfest)'가 열릴 즈음, 슈투트가르트에서는 '칸슈타트 보르크스페스트(Cannstatter Volksfest)'가 펼쳐진다. 옥토버페스트는 워낙 전 세계적으로 유명한 축제이다 보니 해외에서 찾은 관광객들로 북새통을 이룬다. 최소 6개월 전에 숙소를 예약해야 할 정도. 반면 슈투트가르트의 맥주 축제는 뮌헨에 이어 두 번째 규모로 큰 독일의 맥주 축제임에도, 외국인 관광객들에게 그다지 알려지지 않았다. 독일인이나 지역 주민 등 아는 사람만 아는 축제인 셈. 덕분에 진짜 '독일스러운' 축제를 경험할 수 있었다.

이 보르크스페스트 기간에 맞춰 이른 아침 버스를 타고 슈투트가르트를 찾았다. 슈투트가르트는 와인 생산지로도 유명해 광활한 포도밭을 보유하고 있다. 마침 보르크스페스트가 열리는 9월이 포도 수확 시기(8~10월)이기도 해 볼거리 풍성한 포도밭과 와인박물관을 견학할 수 있었다. 이후 관광지가 모여 있는 시내 중심지를 둘러보고 노을이 질 무렵 축제장으로 향했다. 이곳에 방문한 관광객 대부분이 저녁이 되면 축제장으로 향하기 때문에 굳이 길을 모르더라도 인파의 흐름을 따라가기만 하면 된다. 그리고 드디어 축제를 만끽할 시간! 1ℓ의 묵직한 맥주잔을 들고 흔들흔들 음악에 맞춰 춤을 추며 어느덧 온몸으로 여행을 즐기게 되었다.

독일 근교를 여행하며 가끔 예상치 못한 곳에서 축제를 만나기도 했다. 디즈니 성의 모델로 잘 알려진 노이슈반스타인 성(Neuschwanstein Schloss)을 방문하기 위해, 퓌센(Füssen)·슈반가우(Schwangau) 지역을 찾았을 때였다. 노이슈반스타인 성을 보고 슈반가우 지역을 따라 트레킹하는 중에 반가운 공지를 접했다. 바로 내가 방문한 날에 크리스마스 수공예품 축제 및 시장이 열린다는 것이다. 만약 독일어를 알지 못했다면 그냥 스쳐 지나갈 뻔했다.

그곳을 찾았더니, 이럴 수가! 가이드북에서도 보지 못한 아름다운 경치는 물론, 규모가 비교적 큰 시장에서 주민들이 손수 만든 장난감과 인형, 향초, 트리 용품 등을 팔고 있는 것이 아닌가. 한 땀 한 땀 바느질로 만든 독일 전통 의상이나 액세서리 등도 흥미로웠다. 무엇보다 가격이 무척 저렴해 평소 여행 기념품을 잘 구매하지 않는 나의 지갑이 거침없이 열렸다. 이런 지역 축제를 용케도 찾아온 아시아 소녀가 신기했는지 시장 사람들은 질문을 쏟아냈다. "어느 나라에서 왔느냐?", "이곳엔 어쩐 일로, 어떻게 오게 되었느냐?" 등. 여행자의 발길이 잘 닿지 않는 곳까지 발견하는 이런 여유가 오페어 여행자의 특권이 아닐까. 흐뭇해지는 순간이었다.

 해외 여행 알짜 정보를 찾는 법

우리나라에도 국내 관광·문화를 담당하는 '한국관광공사'가 있듯이, 국가마다 자국을 방문하는 관광객을 위한 별도의 기관이 존재한다. 이들마다 온라인 홈페이지 등을 통해 방문객들이 여행하면 좋을 다양한 여행지들을 소개하고 있다. 더군다나 유럽은 전 세계 모든 여행자의 흥미와 관심의 대상이다 보니 각국의 언어로 여행 정보를 쉽게 살펴볼 수 있으리라. 국가는 물론 주나 시, 마을 단위의 여행 정보들도 구체적으로 찾아볼 수 있을 것이다.

또 주로 현지인들만 참여하는 규모가 작은 축제 정보를 찾고 싶을 때는 'Festivals in ○○○', '○○○ Festival 2016' 등의 키워드를 입력해 검색해보자. 미처 알지 못했던 전통 축제 정보를 쉽게 찾을 수 있을 것이다. 축제 정보를 전혀 모르고 현지에 도착했더라도 마을 게시판이나 지하철, 외벽 등을 유심히 살펴보는 센스도 필요하다. 지금 당장 펼쳐지는 마을 축제 정보가 공지돼 있을 수도 있다.

독일 여행지 TOP 3

1년간 살을 맞대고 겪어본 독일은 한마디로 '반전 매력'의 나라다. 각 잡힌 질서와 규칙 속에 따스한 인간미가 숨어 있고, 깔끔하고 단정하게 정돈된 도시별로 개성이 엿보인다. 독일은 어느 지역을 막론하고 구시가지와 신시가지가 비교적 정확히 분리되어 있고, 성당과 시청을 중심으로 관광지가 모여 있다. 이 패턴을 읽으면 여행자 입장에서 둘러보기에 꽤 편리하다.

다음은 내가 다녀온 독일 여행지 중에 특별히 좋았던 3곳을 꼽은 것이다. 물론 개인차가 있을 수 있겠지만 독일에서 이곳을 여행한 후 최소한 '여행을 망쳤다'는 일은 없을 것이다.

베를린 Berlin

사실 베를린으로 여행을 떠나면서 내가 살고 있던 프랑크푸르트와 뭐 얼마나 다르겠어? 하고 생각했다. 하지만 베를린 중앙역에 내리자 그 고정관념은 머릿속에서 깨끗이 지워졌다. 역전을 중심으로 주변 풍경이 프랑크푸르트와는 180도 달랐기 때문이다. 일단 건물의 외벽에 그려진 그라피티 때문에 정신이 없었고, 관광지로 향하는 길목의 건축물도 그간 봐오던 형태와 사뭇 달랐다. 게다가 행인들에게 따라붙는 마약 거래상들 때문에 나는 잔뜩 위축되었다. 날씨마저 쌀쌀해 영화〈베를린〉에서 보았던 스산한 기운이 고스란히 느껴졌다.

독일의 수도 베를린은 역사적으로 중요한 역할을 담당했던 도시이다. 제2차 세계대전 이후 독일은 동베를린과 서베를린으로 분단됐는데,

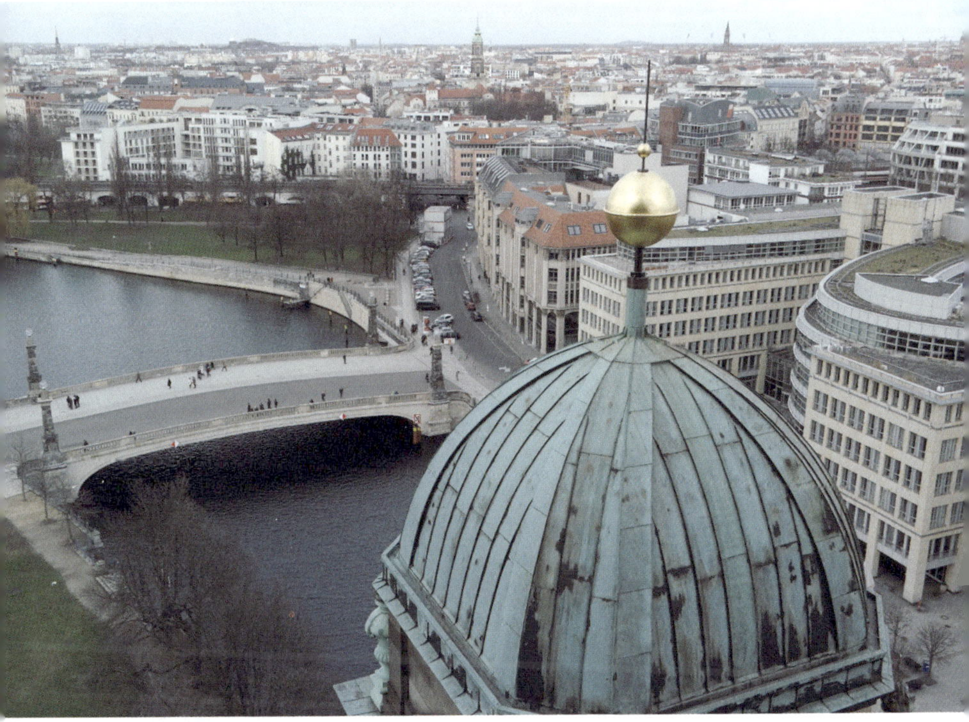

Berliner Mauer
East Side Gallery

ЭТОЙ СМЕРТНОЙ ЛЮБВИ
TÖDLICHE LIEBE ZU ÜBERLEBEN

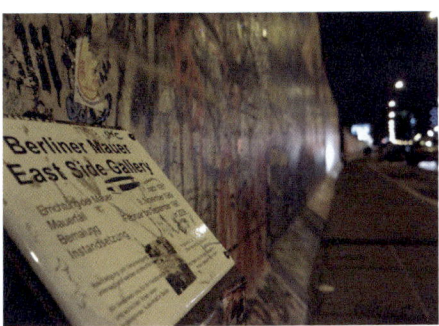

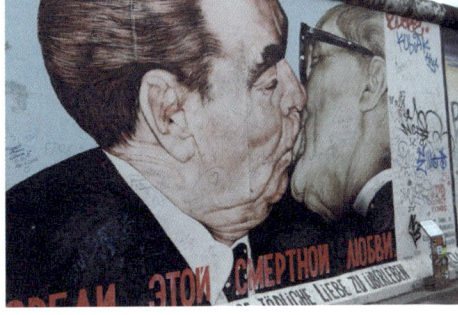

동베를린은 동독의 수도가 되었고, 서베를린은 서독의 수도가 되었다. 서베를린으로 탈출하려는 동베를린 시민들이 늘자, 이를 막기 위해 동독 정부는 1961년 동베를린과 서베를린 경계에 장벽을 세웠다. 이 장벽이 바로 우리가 잘 알고 있는 냉전의 상징 베를린 장벽이다.

    하지만 분단 독일의 상징이자 다소 어두운 이미지가 베를린의 전부는 아니다. 긴 냉전 시대의 종말 후 현대적인 도시로 몰라보게 발전하고 있기 때문이다. 이런 역사적 배경 때문인지 베를린 내의 풍경도 과거와 현재가 공존한다. 한쪽으로는 빈민촌이, 고개를 돌려 다른 쪽으로는 화려한 고층빌딩이 우뚝 솟아 있다. 그 모습이 생경하면서도 특별하게 다가왔다. 이 밖에도 베를린은 카이저 빌헬름 교회, 전승 기념탑, 브란덴부르크 문, 베를린 돔 등 여행자들의 발길을 끌어당기는 볼거리가 무궁무

진하다. 이 때문인지 베를린에서의 4~5일이 유독 부족하게 느껴졌다. 알려진 관광지만 둘러보는 데도 시간이 모자랐다.

　　베를린에서의 시간이 부족했던 것은 특별한 인연을 만났기 때문이기도 했다. 오페어를 준비하는 과정에서 독일어 자기소개서에 큰 도움을 준 친구 니콜(Nicole)이 바로 베를린에 살고 있었다. 언어 교환 앱을 통해 만났을 뿐인데 선뜻 도와준 그녀가 고마웠기에 꼭 한 번 만나 감사 인사를 하고 싶었다. 베를린 시내의 한 카페에서 그녀를 만나 오페어 생활과 서로의 근황에 대해 이야기 나눴다. 저녁에는 한국 문화와 언어에 관심 있는 그녀의 독일인 친구를 소개받아 함께 즐거운 시간을 가졌다.

　　오스트리아 빈 여행 중에 알게 된, 터키인 친구 도후칸(Doğukan)을 다시 베를린에서 만나기도 했다. 그는 교환학생으로 베를린에서 지내

고 있었는데, 오스트리아 여행 당시 내가 베를린 여행 계획이 있다고 하자 다시 만나기로 약속한 것이다. 공부에 지친 그와 함께 베를린의 유명 레스토랑과 펍 등에서 즐거운 시간을 보냈다. 소중한 인연들 덕분에 베를린은 내게 더욱 잊을 수 없는 여행지로 남았다.

> **여행 메모**
> ✓ 베를린은 통일 독일의 수도다운 역사적 명소들이 가득하다. 버스를 타고 카이저 빌헬름 교회, 전승 기념탑, 브란덴부르크 문, 베를린 돔 등을 둘러보자.
> ✓ 베를린은 물가가 저렴한 편. 가장 흔히 먹는 '되너' 케밥을 기준으로 서독이 5.5~6유로 정도라면, 동독인 베를린은 3유로 수준이다.

퓌센 · 슈반가우 Füssen · Schwangau

금요일 마지막 기차를 타고 퓌센으로 향한 것은 디즈니 성의 모델이 되었다는 노이슈반슈타인 성을 꼭 봐야겠다는 일념 때문이었다. 성이 위치한 슈반가우로 가기 위해서는 퓌센 기차역에 내려 다른 지역 열차를 갈아타고, 열차에서 내린 후 또다시 버스를 타야 했다. 프랑크푸르트에서 이곳까지는 약 5시간. 근교치고는 꽤 긴 시간을 달려 노이슈반슈타인 성에 도착했다. 성의 모습은 기대만큼 웅장했고, 내부 또한 상상 이상으로 화려했다.

이미 수많은 그림과 광고의 배경으로 등장한 노이슈반슈타인 성은 죽기 전에 꼭 가봐야 할 건축물 중 하나로 꼽힌다. 바이에른의 왕이었던 루트비히 2세는 프로이센과의 전쟁에서 패배하여 왕이 된 지 2년 만에 주권을 잃고, 바이에른이 독일에 흡수되는 과정을 지켜볼 수밖에 없었다. 상황이 악화될수록 그는 자신만의 세계에 틀어박혔고, 신화적 과거에 집착하며 환상적인 중세의 성을 짓는 데 온 힘을 쏟아 부었다. 노이슈반슈타인 성은 가혹한 그의 요구를 모두 반영하기 위해 건축가들이 얼마나 노력했는지를 잘 보여준다. 내부 또한 바그너 음악에 등장하는 인물로 채워진 벽화와 곳곳에 놓인 소품

Part 4 유럽 여행의 기술 183

들로 화려하다 못해 정신없을 정도였다.

    노이슈반슈타인 성을 품은 슈반가우는 퓌센에서 약 1.5km 떨어져 있다. 노이슈반슈타인 성 이외에도 호헨슈반가우 성이 있고, 자연 경관이 아름답다. 내가 살던 프랑크푸르트는 경제·금융도시라 도시 어디에서나 고층 빌딩이나 현대식 건물이 눈에 들어왔다. 하지만 이곳은 달랐다. 만년설이 녹아 만들어진 호수가 빛났고, 드넓게 펼쳐진 평야 뒤로 알프스 산맥과 노이슈반슈타인 성이 장관을 이뤘다. 오밀조밀 가옥들이 모여 있는 한적한 작은 마을 풍경도 인상적이었다.

    아름다운 경치만큼이나 여행자를 사로잡은 것은 쾌적한 공기였다. 숨을 들이쉬고 내쉬는 것만으로 몸속이 깨끗이 정화되는 것 같았다. 마

을 곳곳에 아름다운 펜션이 위치하고 있으니 이 맑은 공기를 마시며 하룻밤 묵어볼 것을 추천한다.

여행 메모
- 단지 노이슈반슈타인 성을 보기 위해 퓌센·슈반가우 지역을 들르는 관광객들이 많지만, 이 밖에도 빛나는 호수와 너른 평야, 알프스 산맥이 빚어내는 대자연의 장관을 천천히 감상해보기를 바란다.
- 마을 규모가 작아 거리도 좁고, 상점들 모두 문은 일찍 닫는 편. 덕분에 소박한 펜션에서 하룻밤 묵으면 그 어느 곳에서도 느끼기 어려운 여유를 만끽할 수 있다.

로텐부르크 Rotenbourg

로텐부르크는 독일의 또 다른 매력을 알게 해준 여행지였다. 독일식 전통 가옥은 독일 전역에서 볼 수 있지만, 거의 모든 집이 전통을 고수하고 있는 모습은 이곳에서 처음 보았다. 해를 거듭할수록 현대화되는 다른 도시들과는 달리, 로텐부르크는 옛것을 잘 유지하고 관리해 오히려 여행자들의 발길을 끌어들이고 있었다.

로텐부르크는 대도시 중심의 여행을 하는 이들에게 다소 낯선 장소일 수 있다. 도시 전체의 면적이 약 41.45km²로 크지 않지만, 예스럽고 멋진 디자인의 상점과 고풍스러운 주택이 마치 타임머신을 타고 수백 년 전으로 돌아간 듯한 착각을 일으킨다. 아늑한 광장이 있는 구시가지도 멋지고, 성문과 요새, 탑과 분수 등을 끼고 걷는 길이 마치 중세 시대를 거니는 듯했다. 과연 '중세의 보석'이라는 별명이 어울리는 곳이었다. 이런 매력 때문인지 2015년 '독일의 100대 명소' 중 가장 아름다운 거리에 선정되기도 했다.

한편, 로텐부르크에 가면 꼭 맛봐야 할 것이 있다. 바로 '슈니발렌(Schneeballen)'이다. 눈을 뜻하는 '슈니(Schnee)'와 구를 뜻하는 '발렌(Ballen)'이

합쳐진 단어다. 몇 해 전부터 우리나라에서 망치로 부숴 먹는 과자가 유행처럼 번지기 시작했다. 동그란 형태의 과자를 나무망치로 내려쳐 그 조각들을 집어 먹는 것이다. 이 슈니발렌의 본고장이 로텐부르크라 할 수 있다. 보는 데서 과자를 반죽한 후 튀겨내 초콜릿이나 설탕 등의 토핑을 묻혀 먹는다. 토핑은 취향에 따라 고를 수 있는데, 확실히 한국에서 먹어본 것과는 큰 차이를 느낄 만큼 풍미가 좋다.

여행 메모
✓ 로텐부르크는 당일치기로 여행하기 좋은 작은 마을. 요새를 따라 걷다 보면 마을 풍경도 함께 감상할 수 있는데, 가옥마다 주인들이 꾸민 정원이 매우 예뻐 마치 동화 속 마을을 거니는 듯하다.
✓ 로텐부르크에 왔다면 '슈니발렌'을 꼭 맛보자. 이 동그란 과자는 통미도 좋지만, 나무망치로 내리쳐 부서진 조각들을 집어 먹는 재미가 쏠쏠하다.

유럽 12개국을 누비다

오페어로 1년간 독일에 거주하며 근교 도시를 속속들이 여행한 것도 행운이었지만, 주변 유럽국을 여행한 경험은 그 어떤 것과도 바꿀 수 없는 가치가 있었다. 틈날 때마다 여행을 계획했지만 장기 휴가를 떠난 것은 총 세 차례. 독일을 포함해 스위스, 이탈리아, 프랑스, 룩셈부르크, 벨기에, 네덜란드, 영국, 스코틀랜드, 오스트리아, 슬로바키아, 체코까지 총 12개국을 여행했다. 그사이 나는 유럽 여행 초보자에서 친구들에게 코스와 경비 등을 조언해주는 유럽 여행의 고수(!)가 되어 있었다.

| 장기 여행을 위한 준비

장기 여행이라고 복잡하게 생각할 필요는 없다. 오히려 시간, 코스 등을 유동적으로 활용할 수 있기에 여유롭게 여행할 수 있다. 내가 경험한 바에 의하면 장기 여행에서 가장 중요한 것은 페이스

조절이다. 특히 유럽 여행을 계획하는 한국인의 경우, 많은 나라 여러 도시의 명소를 모두 둘러보고 싶은 욕심을 버리지 못한다. 하지만 이는 여행자를 금세 지치게 한다. 여행하다 만난 한국인 중에 '너무 피곤해서 빨리 돌아가고 싶다'고 생각하는 경우가 의외로 많았다.

그렇다고 아예 계획을 잡지 않은 채로 긴 여행할 수는 없는 노릇. 여행 코스를 짜되 시간 단위보다 일 단위로, 또 이보다 체크리스트를 만드는 방향으로 계획했다. 꼭 가야 할 곳, 해야 할 것, 먹어야 할 것, 사야 할 것 등 자신에게 필요한 항목을 간추린 후 이를 유동적으로 실행하는 것이다. 나머지는 여행지에 도착한 당일 컨디션과 날씨 등에 따라 자유롭게 결정했다. 긴 여행을 하다 보면 생각지 못한 돌발 상황이 발생하곤 한다. 소매치기를 당해 여권을 분실할 수도 있고, 폭설로 관광지 입장이 제한될 수도 있다. 더불어 동선이 꼬여 꼭 가고 싶었던 명소나 음식점에 방문할 수 없는 경우도 생긴다. 이런 때 체크리스트를 확인하고 가장 중요한 항목부터 실행하면, 최소한 실패 없는 여행을 할 수 있다.

여행 코스는 거주지에서 가장 가까운 곳에서 시작해서 먼 곳까지 돌아오는 식으로 짰다. 처음에는 온라인 여행 커뮤니티나 가이드북을 참고했는데, 한국에서 출발하는 이들과 달리 독일에서 여행을 시작한 탓에 동선이 비효율적이었다. 결국 내게 맞는 루트를 짜야겠다고 생각했다. 구글 지도를 모니터 화면에 띄워놓고 거주지에서 가까운 곳을 시작으로 흥미로운 국가와 도시를 찍어가며 각 명소별 숙소와 교통편 등을 함께 검색해 나갔다. 이렇게 하면 여행 준비 시간을 꽤 절약할 수 있다. 또 온전히 나만의 효율적인 여행 코스를 만들었다는 사실에 뿌듯하기도 했다.

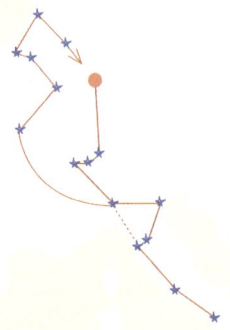

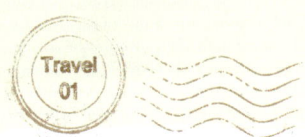

봄 유급 휴가 : 유럽 5개국 여행

- **여행 일수** : 23일
- **이동 경로** : 집(프랑크푸르트) ➡ 스위스(취리히 – 루체른 – 슈피츠) ➡ 이탈리아(베네치아 – 피렌체 – 피사 – 로마 – 나폴리) ➡ 프랑스(파리) ➡ 룩셈부르크 ➡ 벨기에(브뤼셀 – 브뤼허) ➡ 네덜란드(암스테르담 – 알크마르) ➡ 독일(쾰른) ➡ 집(프랑크푸르트)
- **교통 수단** : 유레일 글로벌 패스 활용, 저가항공, 기차
- **숙박** : 호스텔, 한인민박, 공항 노숙
- **경비** : 총 1355.5€

| 숙박 | ❶ 호스텔 총 16박 17일(1박 21~31€) → 397€
❷ 한인민박 총 4박 5일(1박 25~35€) → 120€ } 숙박비 517€ |

| 교통 | ❶ 유레일 글로벌 패스 총 17일(청년 요금 적용, 15일 + 행사 이벤트 2일) → 432€
❷ 고속열차 추가 비용 ICE, TGV 등 → 60€
❸ 저가항공 Easy Jet(밀라노에서 파리) → 46.5€ } 교통비 538.5€ |

| 식대 | ❶ 총 46끼(한 끼 약 5€ + α) } 식대 300€ |

| 봄 유급 휴가,
| 유럽 7개국 여행

독일 오페어로 지낸 지 2개월이 지난 시점에 떠난 23일간의 여행. 여전히 서툰 독일어와 아직도 낯선 유럽이 여행을 떠나기 전까지 한시도 긴장을 늦추지 못하게 했다. 2년 전 출장 차 유럽 4개국을 여행한 적이 있지만, 온전히 혼자 계획을 세우고 유럽을 여행하는 것은 이번이 처음이었다.

덕분에 가능한 넓고 얕은(!) 여행을 하려 했다. 한 나라에 오래 머물기보다 대도시 중심으로 많은 국가를 방문할 계획이었다. 가장 가보고 싶은 나라를 우선순위로 이탈리아와 프랑스에서 넉넉히 머무르기로 했고, 유레일 패스를 활용해 기차로 이동하며 주변국마다 하루 이틀 정도 머물기로 했다. 독일에서 이탈리아를 가기 위해서는 스위스를 거쳐야 했고, 이탈리아·프랑스 부근에서 가장 관심 있었던 '베네룩스'(여행자들이 룩셈부르크와 벨기에, 네덜란드를 일컫는 표현)를 포함하니 '스위스 →

이탈리아 → 프랑스 → 룩셈부르크 → 벨기에 → 네덜란드 → 독일(쾰른)'의 일정이 완성됐다. 멋진 사진을 위해 가방 가득 좋아하는 옷과 액세서리를 담았고, 타야 할 기차와 버스 시간 등도 수첩에 빼곡하게 적어 두었다. 얼마나 많은 짐을 챙겼는지 묵직한 배낭에 등이 휘어질 정도였다. 그렇게 유럽 여행 초보자는 어리바리 첫 여행지 스위스로 향하는 스타트를 끊었다.

    프랑크푸르트를 벗어난 스위스 횡단 열차는 취리히를 향해 달렸다. 차창 밖으로 시시각각 변하는 풍경이 여행자를 한껏 들뜨게 했다. 첫 목적지인 취리히에 도착해 취리히시립박물관을 급하게 둘러보고, 부랴부랴 루체른으로 향하는 기차를 다시 탔다. 루체른의 풍경은 과연 기대를 저버리지 않았다. 파랗고 시원한 하늘, 에메랄드빛 호수와 백조, 그 너머로 보이는 알프스 산맥의 만년설까지. 탁 트인 시야에 감탄하며 루체른

을 상징하는 목조다리를 건너는데, 더는 걸음을 뗄 수 없을 만큼 힘이 빠지기 시작했다. 무리하게 구겨 넣은 배낭이 문제였다. 빡빡한 일정도 여행자를 지치게 했다. 하지만 철저히 준비한 여행 일정을 수정하자니 덜컥 겁이 났다. 결국 수첩에 적힌 여행 계획을 힘겹게 소화하고서야 호스텔로 향했다. 침대에 몸을 뉘이자 옆 침대를 쓰던 한 여행자가 뜨끔한 조언을 해주었다. 내일 스위스를 떠날 계획이라던 나를 설득하기 시작한 것이다.

"루체른을 끝으로 스위스를 떠난다고요? 조금 아쉽지 않나요? 인터라켄에서 루체른으로 오는 횡단 열차가 정말 아름다워요. 지금 보고 있는 루체른이 스위스의 다가 아니라니까요. 예매해둔 기차표를 조금 미뤄 보는 건 어때요? 이곳에 오기 전에 계획한 일정대로만 꼭 움직일 필요는 없잖아요."

사실 현지에서 얻은 좋은 정보를 토대로 더 만족감 높은 여행을 할 수도 있었다. 그녀의 말에 용기를 얻은 나는 한참 고민 끝에 이탈리아 밀라노행 기차를 조금 미뤄두고, '인터라켄(Interaken)'과 '슈피츠(Spitz)'행으로 일정을 변경했다.

과연 그곳은 진짜 스위스를 보여주는 숨은 진주였다. 루체른에서 본 것보다 더 가까이서 알프스 산맥과 호수를 볼 수 있었고, 전통 가옥이 오밀조밀 모여있는 작은 마을 풍경도 감상할 수 있었다. 다음 일정이 조금 미뤄졌음에도 조금도 후회스럽지 않았다. 나는 그때부터 여행에 대한 두려움 완전히 떨칠 수 있었고, 수첩에 적어둔 여행 일정에 연연하지 않게 되었다.

이탈리아에서도 널리 알려진 명소보다 예상치 못한 곳에서 더 감탄했다. 꼭 가봐야 할 대표 여행지인 로마와 피렌체는 관광객이 워낙 많아 문화유산을 제대로 보기 어려웠다. 영화 〈냉정과 열정 사이〉로 유명해진 '두오모 성당'에 올라 피렌체의 전경을 보기 위해서는 적어도 3시간

이상 줄을 서야만 했다. 유럽의 큰 휴일인 이스턴홀리데이 시즌이라 더욱 붐비는 듯했다. 이와 달리, 호스텔 주인의 추천으로 급히 떠나게 된 '친퀘테레(Cinque Terre)'와 '아말피(Amalfi)' 해안은 내 생의 최고의 여행지로 손꼽을 정도로 훌륭했다. 특히 티레니아 해를 따라 달리는 지역 열차는 아름다운 바닷 풍경을 보며 사색할 수 있어 인상적이었다.

그러나 여행에 완벽히 적응해 자신감 지수가 상승할 때쯤, 모든 유럽 여행자들이 절대 만나고 싶지 않은 '집시'들이 바로 눈앞에 나타났다. 파리 샤를드골(Charles de Gaulle) 공항에서 당당히 노숙을 감행하고, 파리에 거주하고 있는 친구를 만나 오페라 극장 앞에서 사진을 찍고 있을 때였다. 6녕의 집시가 우리를 에워싸고 기메라와 휴대전화, 가방을 일시에 공격했다. 이곳저곳을 떠돌며 도둑질과 범죄를 일삼는 집시들 때문에

'백 팩 절대 금지', '휴대전화와 카메라는 쓰고 나서 바로 가방 안에'라는 철칙을 지키는 여행자들이 많다. 하지만 이처럼 많은 집시가 마음먹고 달려드는 데 능사가 있던가. 그럼에도 우리는 물러서지 않았다. 온 힘을 다해 가방을 사수했고, 그들은 아쉬운 웃음을 보이며 아무렇지 않은 척 다음 사냥감을 향해 다가갔다. 온몸에 힘이 쭉 빠졌다.

덕분에 프랑스 여행은 긴장의 연속이었지만, 한편으로 오페어 할인 혜택을 제대로 누린 곳이라 뿌듯하기도 했다. 나는 '오페어'이기에 루브르박물관과 오르세박물관을 시작으로 퐁피두센터, 베르사유궁전까지 돈 한 푼 내지 않아도 됐다. 무슨 말이냐고? 프랑스 대부분의 관광지는 EU(유럽연합) 거주민 및 체류 외국인이 무료로 입장하도록 하고 있다. 그러니 최소 6개월에서 최대 1년의 체류 비자를 가지고 있는 오페어도

할인 혜택을 받을 수 있다. 이를 위해 비자를 발급받은 여권을 지참하기만 하면 된다. 이것으로 유럽 EU 소속 국가에 거주하고 있는 것을 증명할 수 있다. 만약 파리를 대표하는 대표 관광지 세 곳 오르세박물관(11€)과 베르사유궁전(25€), 퐁피두센터(13€)를 관람한다고 가정하면, 총 49€를 절감하는 셈이다. 한국에서 발급받은 국제학생증을 활용해 성당, 박물관, 궁전 등의 입장료를 할인받을 수도 있지만, 할인율이 겨우 10% 수준이니 오페어 할인 혜택과는 큰 차이가 있다.

　'독일 오페어'이기에 여행 중에 즐거워진 일은 또 있었다. 너무 적막해서 시간이 멈춘 것 같은, 그래서 매우 인상적이었던 룩셈부르크를 거쳐 벨기에를 여행할 때였다. 초콜릿, 와플, 그리고 맥주로 유명한 벨기에 거리에 취해, 친구와 함께 먹고 마시고 즐기니 어느덧 시간은 한밤중. 예약한 호스텔은 지하철을 타고 한참을 가야 했다. 그런데 이런, 숙소까지 가는 모든 교통수단의 운행이 모두 끝났다는 것이 아닌가. 방법은 택시

뿐이었는데, 문제는 택시 탈 돈이 없다는 것. 결국 히치하이킹을 시도하는 기지를 발휘했다. 그때 나와 친구 앞에 독일 자동차 'Opel'사의 스포츠카가 섰고, 낯선 사람의 차에 타는 게 두려웠음에도 딱히 대안이 없어 차에 올라탔다. 한동안 차 안에는 적막이 흘렀고, 그 어색함을 깨기 위해 "자동차가 독일 브랜드네?"하고 말문을 열었다. 그랬더니 운전하던 그가 "어떻게 이 브랜드를 알아? 차에 관심 있어?"하면서 반가워하는 게 아닌가. 나는 "독일에서 오페어로 지내고 있다"고 말했고, 그는 "독일에서 살았다"며 대화를 이어나갔다. 긴장하며 운전을 하던 그도, 차를 얻어 탄 우리도 어색함을 깨고 즐거운 대화를 할 수 있었다.

두 번째 히치하이킹의 추억은 네덜란드에서였다. 젊음이의 도시 암스테르담은 흔히 우리가 상상하던 '튤립 꽃밭'의 이미지만은 아니었다. 물론 신선한 치즈 시장도 흥미로웠고, 풍차 마을도 아름다웠지만 내게는 '밤의 꽃'이 화려한 암스테르담의 기억이 가장 선명하다. 하지만 화려한 밤 분위기에 취해 또다시 차를 놓쳐버리는 바보 같은 실수를 범할 줄은 몰랐다. 나와 친구는 그렇게 암스테르담 거리 한복판에 놓였고, 두 번째 히치하이킹을 시도했다. 하지만 이번에는 실패. 두 시간이 넘도록 거리를 배회하다 추위를 피해 호텔 로비에 들어갔다. 소파에서 꾸벅꾸벅 졸다가 호텔 조식을 위한 빵 배달 차가 호텔 입구에 들어왔는데, 무슨 용기가 난 것인지 빵 배달 아저씨에게 달려가 "호스텔은 멀고 차는 없다"고 사정하기 시작했다. 골똘히 생각하던 아저씨는 차에 타라고 했다. 약속된 빵 배달을 마치고 우리를 호스텔까지 바래다준다는 것. 그렇게 운 좋게(?) 새벽길을 달렸고, 이번에는 제법 익숙하게 아저씨에게 말을 건

넋다.

　아저씨는 터키인이라고 했다. "내게도 터키인 친구가 많다"고 이야기하며, 'Deutschland(Germany의 독일식 표현)'에서 살고 있다고 말했다. 그러니 웬걸. 아저씨가 혹시 "독일어 할 줄 아느냐"며 독일어로 말을 건네는 것 아닌가? 깜짝 놀라 "그렇다"고 대답하니 아저씨가 너털웃음을 지어 보이며 "내 가족들이 지금 독일에 살고 있다"고 말했다. 네덜란드에서 돈을 벌어 아내와 자식들이 있는 독일에 돈을 보내며 살고 있는 기러기 아빠였던 것. 한층 마음이 편해진 우리는 따뜻한 배달 트럭 안에서

쪽잠을 청할 수 있었고, 아저씨의 빵 배달이 끝난 6시쯤 숙소에 도착할 수 있었다.

이렇게 좌충우돌 네덜란드 일정을 마치고, 독일 쾰른을 거쳐 프랑크푸르트 집으로 향했다. 첫 장기 휴가라 말도 많고, 탈도 많았지만 긴 여정을 헤쳐나가며 추억도 쌓았고 요령도 생겼다. 이번 여행을 통해 배운 점은 첫째, 여행 떠나기 전에 준비는 하되 현지 상황에 따라 융통성을 발휘할 것, 둘째, 단순한 일정만큼 단순한 짐이 필수라는 것, 셋째, 위기 상황에 굴하지 않고 자신감 있게 극복하면 된다는 것 등이다. 또 오페어이기 때문에 각 박물관 등에 공짜로 입장해 여행 경비를 아낄 수 있었고, 현지에서 만난 사람들과 공감대를 형성하기도 쉬웠던 것도 여행 끝에 얻은 노하우다. 나는 이렇게 첫 유급 휴가를 알차게 보내며 유럽 여행 초보자로서의 딱지를 떼고 자신감을 충전하게 되었다.

여행 메모
- 유럽 각 국가의 박물관, 미술관 입장 시 오페어를 위한 각종 할인 혜택을 따져보자.
- 미리 계획한 여행 일정에 목숨 걸지 말자. 현지 상황에 따라 융통성을 발휘하는 센스를!
- 현지인이나 현지에서 만난 여행자의 조언에 귀 기울여보자. 가이드북에 소개된 명소보다 한적하지만 매력적인 곳이 더 많다.

Travel 02

여름 유급 휴가 : 유럽 2개국 여행

- **여행 일수** : 10일
- **이동 경로** : 집(프랑크푸르트) ➡ 영국(런던) ➡ 스코틀랜드(에든버러) ➡ 집(프랑크푸르트)
- **교통 수단** : 저가항공, 버스
- **숙박** : 호스텔, 공항 노숙, 심야버스
- **경비** : 총 256.5€

숙박
❶ 호스텔 총 7박 8일(1박 9~16.5€) → 74.5€ } 숙박비 74.5€

교통
❶ 저가항공 Ryanair(독일에서 영국) → 33.5€
❷ Easy Jet(스코틀랜드에서 독일) → 36€
❸ 심야버스 Megabus(영국 런던에서 스코틀랜드 에든버러) → 12.5€
} 교통비 82€

식대
❶ 총 20끼(한 끼 약 5€) } 식대 100€

| 여름 유급 휴가,
| 유럽 2개국 여행

2주간의 여름 휴가에 영국 런던과 스코틀랜드 에든버러에 다녀오기로 했다. 독일에서 오페어로 지낸 지 6개월 정도 지났을 무렵이니 모든 생활에 조금 익숙해질 때였다. 하지만 익숙한 만큼 회의감도 컸다. 아무리 가족같이 지낸다고 해도 엄연히 '남의 집' 생활을 하는 것이니 불편한 점이 생겼고, 지금의 오페어 생활이 앞으로 나의 미래에 어떤 영향을 미칠지에 대한 의구심도 들었다. 이런 고민을 잔뜩 안고 선택한 여행지가 바로 영국 런던과 스코틀랜드 에든버러였다.

이번 휴가의 컨셉은 초저가 여행. 여행 내공도 쌓였고 유럽 정세에도 꽤 밝아진 터라 여행 준비가 한결 수월했다. 폭풍 검색을 통해 교통편은 저가항공, 숙소는 호스텔을 이용하고, 식사도 저녁을 제외하곤 거의 호스텔 조식과 샌드위치로 때우니 제아무리 물가 비싼 영국이라도 크게 돈 쓸 일이 없었다. 교통비와 숙박을 합쳐 156€가 조금 넘었을 뿐이다.

하지만 초저가 여행을 위해 시작부터 진땀을 흘리긴 했다. 프랑크푸르트 한(Frankfurt Am Main Hahn) 공항에서 아침 6시 비행기를 타야 해서 새벽 2시 30분에 공항버스 정류장으로 향했다. 이미 4명의 사람이 모여 이곳이 셔틀버스를 타는 곳이라 하기에 아무런 의심 없이 그들의 수다에 동참했다. 그런데 2시 55분이 되어도 3시 버스가 오지 않아 의아하게 생각하는데, 3시 정각이 되자 건너편 정류장에서 버스 한 대가 '부-릉'하고 출발하는 것이 아닌가. 버스를 기다리던 5명의 입은 동시에 벌어졌고, 마라톤을 하듯 버스를 따라 달렸지만 야속하게도 버스는 곧장 그 길을 따라 달렸다. 알고 보니 한 여행자가 정류장을 잘못 찾았는데 아

GIANT CHOICE
cargiant

PUBLIC SUBWAY
UNDERGROUND
PUBLIC SUBWAY

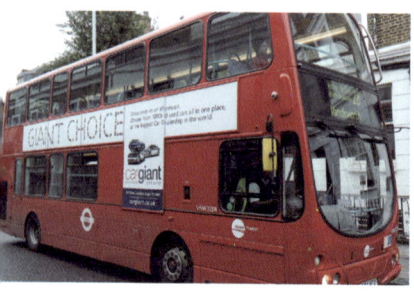

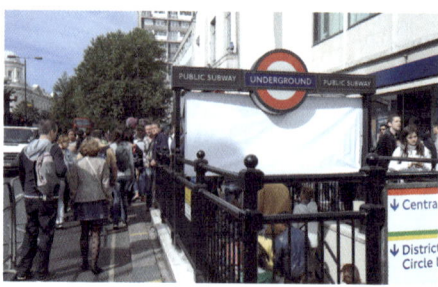

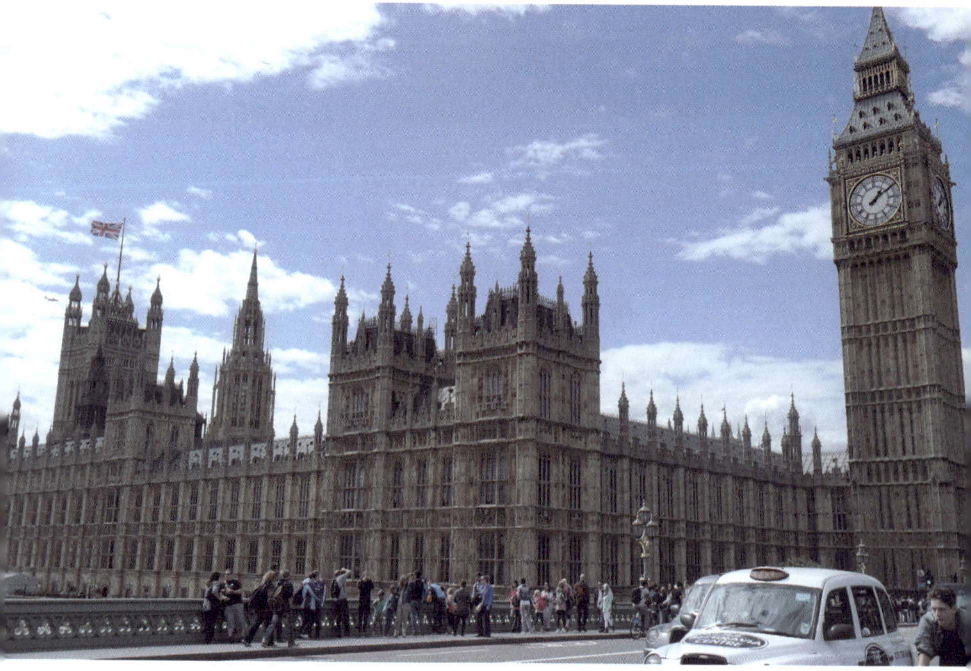

무런 의심 없이 하나둘 모여 이야기꽃을 피우고 있었던 것이다. 결국 택시밖에 대안이 없었고, 독일인 여자를 앞세워 흥정에 나섰지만 280€라는 거금을 내야 하는 상황이 되었다. 5€라도 저렴한 티켓을 사기 위해 노력한 게 얼마인데, 무려 버스비보다 5배 비싼 택시비를 낼 수는 없었다. 어찌해야 하나 발을 동동 구르는데, 3시 20분쯤 4시에 출발해야 하는 버스가 왔다. 그때 여행 다니며 키운 뻔뻔함이 다시 발동! 버스 기사에게 다급한 상황을 설명하며 "조금만 빨리 출발해 줄 수 없느냐"는 염치없는 부탁을 했다. 세상 그 누구보다 간절한 표정을 지은 채. 버스 기사는 한참 고민하더니 결국 예정보다 20분 앞선 3시 40분에 운행을 시작했고, 무사히 공항에 도착했다. 규칙에 엄격한 독일에서 절대 통하지 않을 것 같던 일이 일어나다니, 사실 마음속으로 놀라긴 했다.

우여곡절 끝에 도착한 영국은 그야말로 내가 꿈꾸던 자유로움 그 자체였다. 오페어로 유럽에 살기 전부터 나는 이런 유럽을 꿈꿨다. 아름다운 골목을 자전거로 누비고, 가던 길을 멈춰 햇볕이 따뜻한 잔디밭에 누워 쉬고, 잔디밭에 앉아 여유롭게 도시락을 먹는…. 그 생기 넘치고 자유로운 풍경이 바로 눈앞에서 펼쳐지고 있었다. 거리마다 영국을 상징하는 빨간 이층버스와 멋진 영국 신사들이 여심을 사로잡았다.

영국을 충분히 즐기고 호스텔에 도착해 나는 뜻밖의 만남을 가지게 되었다. 옆 침대를 사용하는 로테(Lotte), 산드라(Sandra)와 대화를 나눴는데 알고 보니 그들 중 한 명이 영국 오페어 경험이 있었던 것. 이 둘은 덴마크인으로 직장 휴가에 맞춰 영국을 여행 중이란다. 로테가 나의 안부를 물었다.

"좋은 호스트 가족을 만났니? 아이들은 어때? 정말 좋겠다. 나도 오페어를 했던 과거의 즐거웠던 때로 돌아가고 싶어. 지금처럼 자주 여행하고 충분히 즐기고 많이 배울 수 있기를 바라."

오페어로서의 삶에 고민이 많았는데, 지금의 내가 부럽다니…. '훗날 이 순간조차 그리워할 수도 있겠구나'하는 생각에 남은 6개월을 알차게 보내야겠다는 의지가 생겼다.

한결 홀가분해진 마음으로 스코틀랜드 에든버러로 향했다. 청정 자연과 문화유적지가 어우러진 스코틀랜드는 곳곳이 영화 배경처럼 아름

다웠다. 구시가지 전체가 유네스코 세계문화유산으로 지정돼 마치 시계를 중세 시대로 돌려놓은 것만 같았다. 밤이 되니 분위기가 더욱 그윽해졌다. 가스등 밑에서 어쿠스틱 기타를 매고 노래하는 음악가들을 넋놓고 바라보았다.

에든버러에서도 낯선 사람들과의 대화 속에서 나를 돌아보는 시간을 가졌다. 금발에 파란 눈을 가진 19세의 미국 소녀 알렉시(Alexi)는 자신의 몸집만 한 캐리어를 들고 스코틀랜드에 왔다. 유치원 선생님을 꿈꾸는 그녀는 오페어로 지내는 나의 '독일 라이프'를 대놓고 부러워했다.

아이들과 지내는 보통의 일상을 애기할 때마다 그녀의 파란 눈은 두 배가 되었다. 결국 그녀는 꼭 한 번 유럽에서 오페어를 경험하겠다는 결의를 다지며 다음 여행지로 떠났다.

  이 만남을 계기로 나는 휴가를 떠나기 전 안고 있던 고민을 어느 정도 털어낼 수 있게 되었다. 역시 여행의 모든 순간은 교훈을 주지만, 타인과의 대화를 통해 미처 보지 못하고 생각하지 못했던 부분을 깨닫게 되기도 한다. 덕분에 다음 여행은 더 깊어진 마음과 넓어진 시야로 준비할 수 있었다.

여행 메모

✓ 약간의 부지런함과 요령이 있다면 혼자가 여행 플랜은 어렵지 않다.

✓ 여행의 모든 순간은 교훈이 된다. 특히 타인과의 대화는 시야를 넓혀준다.

✓ 위기의 순간은 맛았더라도 절대 포기하지 말 것! 어떤 경우라도 방법은 있다.

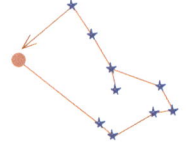

겨울 유급 휴가 : 유럽 4개국 여행

- **여행 일수** : 17일
- **이동 경로** : 집(프랑크푸르트) ➜ 오스트리아(잘츠부르크 – 할슈타트 – 빈) ➜ 슬로바키아(브라티슬라바) ➜ 체코(브르노 – 프라하 – 체스키크룸로프) ➜ 독일(드레스덴 – 베를린) ➜ 집(프랑크푸르트)
- **교통 수단** : 자동차, 기차, 버스
- **경비** : 총 438€

| 숙박 | ❶ 호스텔 : 총 11박 12일(1박 7~15€) } 숙박 127.5€ |

| 교통 | ❶ 자동차 : 프라하에서 체스키크룸로프 카풀 → 20€
❷ 기차 : ÖBB(할슈타트에서 빈) → 19€
❸ 버스 : ÖBB Postbus(잘츠부르크에서 할슈타트) → 20€
　　　　Slovak Lines(비엔나에서 브라티슬라바) → 7€
　　　　Czech-transport(브라티슬라바에서 브르노) → 7€
　　　　Student Agency(브르노에서 프라하) → 18€
　　　　Meinfernbus(드레스덴에서 베를린) → 9€
　　　　Meinfernbus(베를린에서 프랑크푸르트) → 10.5€ } 교통비 110.5€ |

| 식대 | ❶ 총 34끼(한 끼 약 5€ + α) } 식대 200€ |

겨울 유급 휴가, 유럽 4개국 여행

봄·여름에 유급 휴가를 보낸 탓에 더는 장기 휴가가 없을 것 같았는데, 한국으로 돌아가기 전 마지막 장기 여행을 떠날 기회가 생겼다. 호스트 가족이 크리스마스와 연말·연초를 오스트리아 별장에서 보내기로 한 터라 이 기간에 맞춰 나도 오스트리아, 슬로바키아, 체코로 떠나기로 한 것이다.

유럽은 크리스마스를 연중 가장 큰 행사로 생각하기 때문에 이 기간만 잘 활용해도 꽤 멋진 휴가를 보낼 수 있다. 크리스마스가 시작되기 한 달 전인 11월부터 유럽 각지에서 크리스마스 마켓 등이 열리고, 트리와 조형물을 설치하느라 곳곳이 분주해진다. 연중 최대 축제인 만큼 각종 먹을거리도 풍성하다. 거리마다 따뜻하고 맛깔스러운 음식이 가득하다. 길가에 서서 뜨거운 와인을 마시며 사람들과 담소를 나누는 것도 겨울 여행의 특권이다.

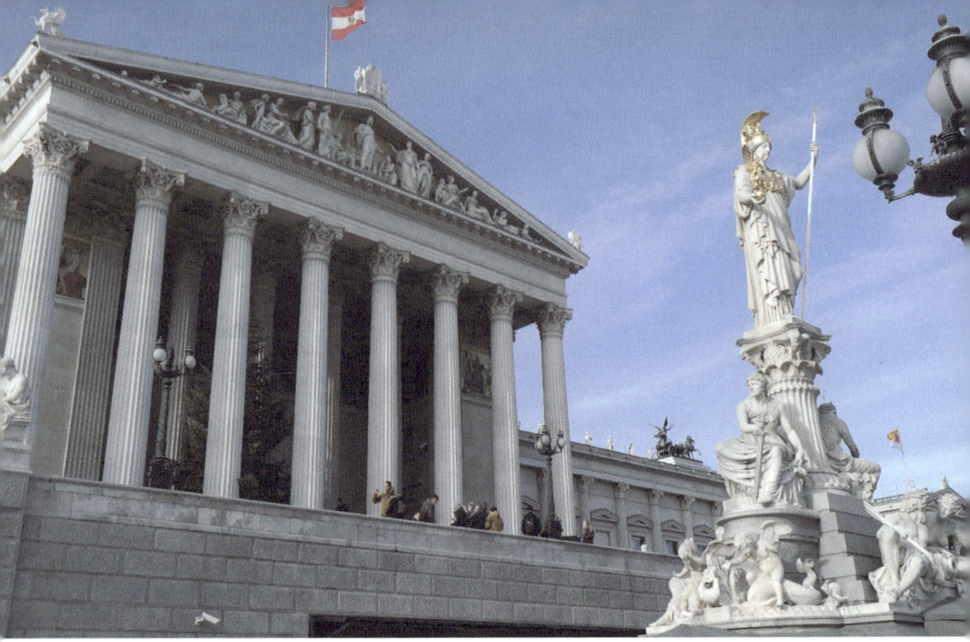

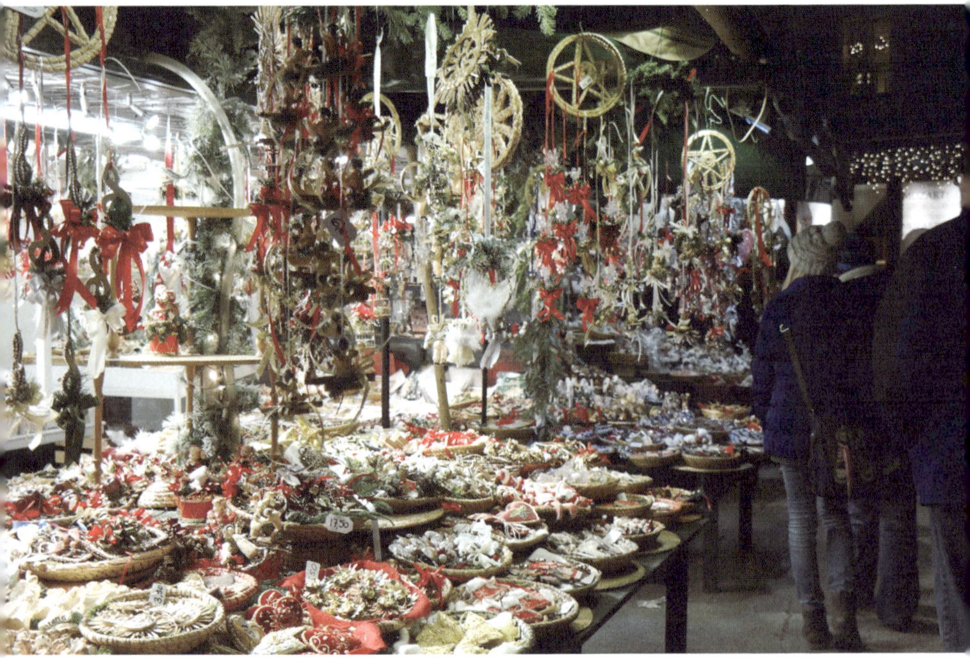

겨울 여행의 첫 목적지는 오스트리아. 몇 년 전 출장 차 여행하면서 모차르트의 고향 '잘츠부르크(Salzburg)'의 아름다움에 반해 '이곳에 꼭 다시 오리라'고 몇 번이고 다짐했다. 이번 여행은 오스트리아 잘츠부르크를 시작으로 '할슈타트(Hallstadt)'와 '빈(Wien)'을 둘러보고, 여기서 버스로 1시간 거리인 슬로바키아 '브라티슬라바(Bratislava)'와 체코에 들른 후 독일 동부를 통해 돌아오는 코스로 계획했다. 마침 호스트 가족이 자동차로 오스트리아까지 이동하는 터라 나를 잘츠부르크까지 바래다줬다. 막상 20일 가까이 서로 떨어져 있자니 아쉬움이 커서 뜨거운 작별 포옹을 하며 즐거운 휴가가 되기를 바라는 마음을 나눴다.

지난 1년간 이곳저곳 여행한 노하우가 쌓여 이번 여행에서는 한결 여유가 넘쳤다. 그간 사귄 외국인 친구들을 여행지 곳곳에서 만나기로 한 터라 기대가 더욱 컸다. 역시 기대만큼 오스트리아는 여전히 아름다웠다. 유네스코 세계문화유산으로 지정된 잘츠부르크는 중세 시대 풍경을 그대로 간직한 도시. 바로크 건축 양식의 잘츠부르크 대성당과 잘츠부르크 성, 영화 〈사운드 오브 뮤직〉의 배경이 된 미라벨 정원 등 볼거리가 풍성했다.

하루 반나절이면 주요 명소를 다 돌아볼 수 있는 잘츠부르크와 달리, 오스트리아의 수도 빈은 규모가 무척 컸다. 워낙 예술적으로 뛰어난 건축물들이 많고, '음악의 도시'라는 수식어답게 오페라 등 각종 음악 공연이 1년 내내 끊이지 않는다. 나 역시 비를 피하려고 우연히 빈 오페라 하우스에 들어갔다가 공연을 관람하게 됐다. 4€짜리 스탠딩석 티켓을 구매해 별 기대 없이 관람했는데, 그때의 감동이 아직 생생하다. 알고 보

니 연일 매진 행렬인 '리골레토(Rigolett)'라는 유명한 공연이었고, 한국인 정명훈 지휘자가 지휘해 더욱 감동이 컸던 것 같다.

이 밖에도 바로크 양식으로 지어진 '벨베데레 궁전(Belvedere)'과 쇼핑센터 등을 둘러보았는데, 한편으로 아쉬운 점도 있었다. 연말이라 너무 많은 사람들로 북적이는 탓에 감흥이 덜했던 것이다. 패스트푸드점, 카페할 것 없이 거리 곳곳에 긴 줄이 늘어서 당혹스러웠다. 독일의 분위기와 크게 다르지 않은 것도 아쉬운 점이었다.

아쉬움을 달래준 곳이 바로 슬로바키아와 체코였다. 빈에서 버스로 약 1시간 거리를 달리면 슬로바키아로 국경이 바뀐다. 전혀 뜻을 파악할 수 없는 낯선 언어로 적힌 이정표를 보면서 '새로운 곳에 왔구나'하는 생각에 가슴이 뛰었다. 사실 슬로바키아는 유럽 여행자들이 '별로 볼 것 없

는 곳'으로 인식하는 경향이 있다. 하지만 뚜렷한 관광지나 쇼핑 명소가 없음에도 불구하고, 지린내 나는 트램과 스산한 회백색 건물, 길가 곳곳에 버려진 유리 파편 등이 내게 더욱 신선하고 흥미롭게 다가왔다. 몇 년 전 잘츠부르크에서 '꼭 다시 오리라'고 다짐했던 것처럼, 이번에는 슬로바키아 브라티슬라바의 트램 안에서 '이곳에 꼭 다시 오리라' 다짐했다.

다시 버스를 타고 체코로 향했다. 슬로바키아에서 체코 '프라하(Praha)'로 가는 길이 그다지 가까운 거리가 아님에도, 몇 분 단위로 촘촘히 움직이는 버스를 보니 두 나라가 하나처럼 느껴졌다. 프라하로 가는 길에 '브루노(Brno)'에 들러 하루 동안 머물렀는데, 체코의 또 다른 아름다움에 취하고 말았다. 역동적이고 화려한 풍경은 기대하기 어렵지만, 그 도시의 민낯을 드러낸 평범하고 소박한 마을 모습이 오히려 멋졌다.

특히 '성 베드로와 성 바오로 대성당(katedrala-petrov)'에서 내려다보는 브루노의 전망은 형언할 수 없이 아름다웠다.

브루노의 짧은 일정을 끝으로 모든 여행자가 사랑해 마지않는 프라하로 향했고, 프라하를 대표하는 다리인 '카를교(Karlův most)' 위에서 힘찬 새해를 맞이했다. 지난 1년간 오페어의 일상을 잘 마무리하고, 무사히 한국으로 돌아갈 수 있게 해달라는 간절한 소망을 담아 기도했다.

여행 메모

- ✓ 길거리에서 맛깔스러운 음식과 따뜻한 와인을 마시며 사람들과 담소를 나누는 것은 겨울 여행의 특권. 크리스마스와 새해를 맞이하는 겨울 연휴의 분위기에 흠뻑 취해보자.
- ✓ 체코 프라하의 카를교는 1월 1일 새해를 맞이하기에 제격인 명소. 새해 첫날 밤 12시가 되면 하늘 위에서 전통 불꽃놀이가 시작된다.

알뜰 유럽 여행 노하우

주머니 가벼운 오페어에게 '초저가 여행법'은 언제나 화두! 나 역시 어떻게 하면 싸게 여행할 수 있을까를 머리 싸매고 고민했고, 현지에서 직접 부딪히며 이런저런 노하우가 쌓이게 됐다. 여행 경비의 대부분을 차지하는 교통비와 숙박비를 아끼는 깨알 같은 노하우를 공개한다.

유레일 패스 사용설명서

유레일 패스는 철도와 페리로 유럽 28개국을 여행할 수 있도록 만들어진 티켓이다. 우리나라로 따지면 한국철도공사(코레일, KORAIL)에서 시행하고 있는 자유여행 패스 '내일로'쯤 되겠다. 고속열차나 일부 교통편에 따라 추가 요금을 내거나 적용되지 않는 구간이 있지만, 웬만한 지역열차 등은 이 유레일 패스 한 장으로 무제한 이용 가능해 구간별로 따로 발권하는 것보다 훨씬 저렴하게 여행할 수 있다.

유레일 패스는 유럽 여행에 익숙하지 않은 나 같은 여행자에게 가이드가 될 것이라 생각했고, 이를 구매해 스위스, 이탈리아, 프랑스, 룩셈부르크, 벨기에, 네덜란드, 독일 등 국가 간 이동이나 국가 내 이동 시 유용하게 사용했다.

유레일 패스라고 다 똑같은 것은 아니다. 최대 28개국을 여행할 수 있는 '글로벌 패스'와 인접한 4개 국가를 선택할 수 있는 '셀렉트 패스', 인기 있는 2개국을 선택할 수 있는 '리저널 패스', 한 국가에서만 사용할 수 있는 '원컨트리 패스' 등으로 종류가 나뉘어 있다. 또 만 25세까지는 성인 요금이 아닌 청년(Youth, 유스) 요금이 적용되니 대부분의 오페어들은 더 저렴하게 구매할 수 있다. 참고로 청년 요금으로 구매할 때는 이등석 탑승 조건이므로, 고속열차나 일등석을 이용하려면 추가 요금을 내야 한다.

유레일 패스는 공식 홈페이지를 통해 구매하는 것이 보통이지만 여행사 등을 통해 구매할 수도 있다. 나도 몇 차례 검색 끝에 한 여행사에서 공동구매하는 것을 알게 되어 기존 가격보다 훨씬 저렴하게 구매할 수 있었다. 또 판매처에 따라 사용 일자를 추가로 부여하는 이벤트를 진행하기도 한다. 실제로 나도 이벤트 기간에 유레일 글로벌 패스 15일 권을 구매해, 추가로 2일 더 사용할 수 있었다.

단, 유레일 패스는 비유럽 국가 시민이나 거주자만 이용 가능하다. 여행자 누구나 구매할 수 있는 것은 아니라는 얘기다. 그런데 독일에 살고 있는 내가 어떻게 유레일 패스로 여행했느냐고? 그 이유는 내가 독일에 거주한 지 6개월이 되지 않은 시점에 유레일 패스를 사용했기 때문이다. 사실 공식 홈페이지 등에도 이와 같은 사실을 공시하고 있지는 않지만, 의문점이 많았던 나는 독일의 '국영철도(DB : Deutsche Bahn)' 사무실에 직접 찾아가 물었다. "유레일 패스를 구매해 주변 국가를 여행하고 싶은데 이곳에 거주하고 있어 사용할 수 없는 것이냐"고. 사실 큰 기대는 하지 않았는데 뜻밖의 답이 돌아왔다. 내용인즉 "거주한 지 6개월이 되지 않은 유럽국 거주자는 사용할 수 있다"는 것. 역시 의문이 있을 땐 직접 물어보는 게 최선! 유럽국에 거주한 지 6개월이 되지 않은 오페어는 유레일 패스를 적극 활용해도 좋겠다.

한편, 거주 6개월 이전에 휴가를 떠날 수 없는 상황이라면 정말 유레일 패스를 사용할 수 없는 것일까? 하지만 이때도 방법은 있다. 유레일 패스를 사용할 수는 없지만, 이와 유사한 인터레일 패스를 사용할 수 있다. 비유럽 국가 시민 또는 거주자만 사용할 수 있는 유레일 패스와는

달리, 유럽 국적을 가졌거나 유럽에 사는 것을 증명할 수 있는 사람이면 인터레일 패스를 사용할 수 있다. 인터레일 패스 역시 만 25세 이하라면, 청년 요금 혜택을 받을 수 있으니 참고하자. 인터레일 패스는 '글로벌 패스'와 '원컨트리 패스'로 나뉘어 있는데, 이 글로벌 패스의 경우 유레일 패스의 글로벌 패스보다 더 많은 30개국을 여행할 수 있다. 유레일 패스보다 약간 높은 가격이다.

유레일 패스 종류와 가격

유레일 글로벌 패스

사용 조건	청년 요금 (만 12~25세)	성인 요금 (만 26세 이상)
10일 이내 5일	297€	454€
2개월 이내 10일	446€	682€
2개월 이내 15일	583€	894€
15일 연속	379€	580€
21일 연속	487€	746€
1개월 연속	598€	917€
2개월 연속	841€	1291€
3개월 연속	1037€	1592€

유레일 셀렉트 패스

사용 조건	청년 요금 (만 12~15세)	성인 요금 (만 26세 이상)
2개월 이내 5일	332€	413€
2개월 이내 6일	363€	452€
2개월 이내 8일	422€	526€
2개월 이내 10일	482€	600€

※ 2015년 기준, 유레일 리저널 · 원컨트리 패스는 홈페이지 참조

유레일 패스 예매 사이트
- 유레일 코리아 kr.eurail.com/eurail-passes
- 인터레일 www.interrail.eu

| 버스 요금도
| 깎을 수 있다

유럽은 고속버스나 시외버스 망이 체계적으로 마련되어 있다. 버스만 타고도 이웃 마을로 이동할 수 있는데다가, 국경까지 넘을 수 있다는 사실이 무척 흥미롭지 않나. 비행기나 배를 이용해야만 타국으로 갈 수 있는 우리나라와는 전혀 다르니, 국가를 이동할 때마다 창밖 분위기나 이정표의 언어가 달라지는 모습을 보는 것도 색다른 재미다.

버스는 항공기나 기차의 발길이 닿지 않은 곳도 갈 수 있다는 것이 장점이다. 비교적 수도나 대도시 중심으로 운행하는 항공기나 기차와는 달리, 버스는 소도시 구석구석까지 운행한다. 관광지나 대도시 등을 여행하는 것보다 마을 단위의 소도시 여행을 좋아하는 나 같은 여행자에게 버스는 없어서는 안 될 존재. 주말이나 한가로운 오전 시간을 활용해 근교 여행을 떠나는 경우가 많다면, 스마트하고 저렴하게 버스를 이용해보자.

유럽 대부분의 교통수단이 그렇듯 버스도 예약하면 훨씬 더 저렴한 가격에 이용할 수 있다. 버스 회사 간에 가격 경쟁이 치열해 프로모션 이벤트나 할인 행사 등을 거의 매주 진행하고, 운행 경로가 같더라도 버스 회사마다 이용요금이 달라 검색만 잘하면 놀라울 정도로 저렴하게 예매할 수 있다.

효율적으로 저렴한 가격의 티켓을 구매하기 위해서는 버스 요금 비교 사이트를 활용하는 것이 관건. 출발지와 목적지를 입력하기만 하면, 원하는 날짜와 시간대에 이용 가능한 모든 버스 회사의 버스 목록을 한

눈에 볼 수 있다. 앞서 말한 대로 동일한 이동 구간이라도 버스 회사마다 가격이 천차만별인데, 가격 비교 사이트를 이용하면 저렴한 요금 순서대로 살펴볼 수 있으니 일일이 검색해야 하는 번거로움을 덜 수 있다. 버스 요금은 대개 이른 아침과 심야 시간대가 가장 저렴하고, 출발일이 가까워 질수록 비싸진다. 또 대부분의 버스 회사에서는 한 버스에 다섯 명의 구매자까지 최저가에 구매할 수 있도록 할당하고 있다.

버스 티켓 가격 비교 사이트

- 버스리니에주케 Busliniensuche www.busliniensuche.de
- 펀버스24 Fernbus24 www.fernbus24.com
- 체크마이버스 Checkmybus www.checkmybus.com
- 버스유럽 Buseurope www.buseurope.eu
- 고유로 GoEuro www.goeuro.com

유럽 주요 버스 회사

- 유로라인 Eurolines www.eurolines-travel.com
- 플릭스버스 Flixbus www.flixbus.com
- 마인펀버스 Meinfernbus www.meinfernbus.com
- 스튜던트 에이전시 Student Agency www.studentagencybus.com
- 메가버스 Megabus uk.megabus.com
- 외베베 포스트버스 ÖBB Postbus www.postbus.at
- 슬로바크라인 Slovak Lines www.slovaklines.sk
- 알사 ALSA www.alsa.es

이렇게 저렴하게 티켓을 구매했더라도, 또 한 번 요금을 깎을 기회가 있다. 우리나라 패밀리 레스토랑에서는 중복 할인이 불가능하다지만, 유럽의 버스는 다르다. 아무리 최저가 버스 티켓이라도 버스 회사에서 제공하는 쿠폰을 활용하면 중복 할인을 받을 수 있기 때문이다. 실제로 나는 프랑크푸르트에서 '트리어(Trier)'로 향하는 버스를 가격 비교 사이트에서 최저가 9€에 찾아냈고, 버스 회사에서 제공하는 3€ 할인 쿠폰을 적용해 총 6€에 티켓을 구매했다. 트리어에서 '자르브뤼켄(Saarbrücken)'으로 이동할 때는 최저가 5€에서 3€ 할인받은 2€에 이동할 수 있었다.

그렇다면 할인 쿠폰은 어디에서 찾을 수 있는 것일까? 크게 두 가지 방법이 있는데, 가장 쉬운 방법은 '쿠폰 검색'이다. 예를 들어 최저 가격에 찾은 버스의 회사 이름이 'Flixbus'라고 하면, 구글에서 'Flixbus'나 'Flixbus Coupon', 'Frankfurt to Heidelberg bus coupon' 등의 키워드를 검색하면 된다. 이렇게 하면 버스 홈페이지의 쿠폰 게시판이나 소셜커머스 형태의 쿠폰 나눔 사이트에서 쿠폰을 다운받을 수 있다. 특히 이스턴 홀리데이나 여름 성수기, 크리스마스 등의 휴가 기간에는 다양한 프로모션 쿠폰이 많이 게시되니 꼼꼼히 살펴보자. 언제나 그랬던 것처럼 '검색은 곧 절약'이다!

두 번째 방법은 바로 호스텔에 비치된 쿠폰을 집어오는 것이다. 대부분의 호스텔은 전 세계에서 모인 배낭여행자들을 위해 다양한 여행지 정보와 숙박 정보를 제공하고 있다. 요즘에는 호스텔도 프랜차이즈 방식으로 운영되기 때문에, 다른 지역에 마련된 호스텔을 저렴하게 이용할 수 있도록 할인 쿠폰을 구비해 고객 유치에 나서고 있다. 버스 회사에서도 이런 방법으로 여행자들의 탑승을 유도한다. 일례로 유럽 전역을 오가는 'Flixbus'사는 3€ 종이 할인쿠폰을 호스텔 등에 비치해두고 여행자들이 가져갈 수 있도록 제공하고 있다. 나는 수시로 버스 여행을 떠나는 탓에 호스텔에 비치된 쿠폰을 발견할 때면 보물을 찾은 것 마냥 기뻤다.

기차·저가항공은 무조건 예약

단거리 여행 시 버스를 주로 이용했다면, 상거리 여행 시에는 기차와 항공을 이용하는 일이 많다. 이 두 가지 교통수단을 저렴하게 이용하려면 '무조건 빨리 예약'하는 방법뿐이다. 기차와 저가항공은 하루 이틀 사이에도 요금이 쑥쑥 오르기 마련이다. 버스는 출발일 하루 이틀 전에 구매해도 요금 차이가 크지 않고, 운행 횟수도 많아 어렵지 않게 구매할 수 있는 반면, 기차나 항공은 예약하지 않으면 5~7배 이상의 요금을 내야하고, 티켓을 구매하는 일조차 쉽지 않을 수 있다. 이외에도 온라인과 오프라인 구매에 따른 요금도 다르니 주의할 것. 저렴하게 구매하고 싶다면, 국가별 철도 홈페이지를 이용하는 것도 방법이다.

유럽의 기차는 우리나라의 무궁화호나 KTX처럼 일반기차와 고속기차 등이 있는데, 종류에 따라 가격 차이가 큰 편이다. 또 탑승객의 숙박비 절약까지 돕는 야간기차나 침대기차도 있으니 선택에 참고할 것. 기차는 국가별로 마련된 철도 홈페이지에서 출발지와 목적지, 날짜와 시간 등을 검색하면 이용 요금을 살펴볼 수 있다. 다음의 국가별 주요 철도 홈페이지를 참고해 예매하면 된다.

사실 각 철도 홈페이지는 해당 국어로 구성되어 있어 예매하는 일이 쉽지만은 않다. 이럴 때는 검색을 통해 블로그나 온라인 여행 커뮤니티의 정보를 활용하는 것이 편리하다.

유럽 국가별 철도
- 독일 Deutsche Bahn www.bahn.de
- 스위스 SBB CFF FFS www.sbb.ch
- 이탈리아 Trenitalia www.trenitalia.com
- 영국–프랑스–벨기에 Eurostar www.eurostar.com
- 네덜란드 NS International www.nshispeed.nl
- 오스트리아 ÖBB www.oebb.at
- 슬로바키아 Železničná spoločnosf Slovensko www.zssk.sk
- 체코 České dráhy www.cd.cz
- 스페인 renfe www.renfe.com
- 포르투갈 Comboios de portugal www.cp.pt

유럽 대륙을 종횡무진하는 기차가 있는데 굳이 항공을 이용할까 싶지만, 유럽을 여행하다 보면 생각보다 저가항공을 이용하게 되는 경우가 많다. 국가별로 꽤 많은 공항을 보유하고 있는데, 큰 도시의 국제공항뿐만 아니라 저가항공의 이·착륙을 위해 운영되는 소규모 공항도 곳곳에 자리하고 있다. 저가항공사도 많고, 운항 편수도 많다 보니 저가항공사 간의 가격 경쟁도 치열하다. 이런 이유로 공휴일이나 휴가철을 제외하고는, 기차나 자동차보다 훨씬 저렴한 가격에 이용할 수 있는 경우도 많다. 단, 저가항공을 이용하려면 도심 외곽에 위치한 공항으로 이동헤 수속하는 데 따르는 시간이 적지 않으니, 시간을 잘 고려해야 한다. 일례로 내가 독일 프랑크푸르트 한(Frankfurt Am Main Hahn) 공항에서 영국 런던 스탄스테드(London Stansted Airport) 공항으로 이동할 때, 아일랜드 저가 항공사 '라이언에어(Ryanair)'를 이용했다. 지불한 금액은 편도 32.99€ 정도로, 한화 약 4만~4만4000원 정도에 이용한 것이다.

저가항공 역시 가격 비교 사이트에 접속해 최저가를 검색하는 게 합리적이다. 출발지와 목적지, 날짜를 입력하면 항공사와 시간, 가격대별 항공편을 한눈에 볼 수 있다. 또 회원가입 후 이메일 주소를 입력해두면, 환율에 따라 이용 요금이 변동될 경우 알람으로 알려주기도 하니 적극 활용해보자. 이는 곧 환율이 떨어진 날에 결제해 돈을 절약할 수 있는 비법이다.

Tip **유럽 여행 시 유용한 항공권 가격 비교 사이트**

- 스카이스캐너 Skyscanner www.skyscanner.kr
- 익스피디어 Expedia www.expedia.co.kr
- 카약 Kayak www.kayak.de
- 위치버젯 Whichbudget www.whichbudget.com
- 칩플라이트닷컴 Cheapflights www.cheapflights.com

유럽 주요 저가항공사

- 에어 링구스 Aer Lingus new.aerlingus.com
- 에어 베를린 Air berlin www.airberlin.com
- 에어 돌로미티 Air dolomiti www.airdolomiti.eu
- 에어 유로파 Air europa www.aireuropa.com
- 저먼윙스 Germanwings www.germanwings.com
- 에어발틱 Airbaltic www.airbaltic.com
- 브뤼셀 에어라인 Brussels airlines www.brusselsairlines.com
- 콘도르 Condor www.condor.com
- 이지젯 Easy jet www.easyjet.com
- 플라이비 Flybe www.flybe.com
- 호프 Hop! www.airfrance.fr
- 제트투컴 Jet2 www.jet2.com
- 제트에어 Jetairfly www.jetairfly.com
- 메디니아 플라이 Meridiana www.meridiana.it
- 라이언에어 Ryanair www.ryanair.com
- 토마스 에어라인 Thomas airlines www.thomascookairlines.be
- 트랜스아비아 Transavia www.transavia.com
- TUI플라이 Tuifly www.tuifly.com
- 볼로티 Volotea www.volotea.com
- 부엘링 Vueling www.vueling.com
- XL에어웨이 XLairways www.xl.com

카풀도 대안이다

우리에게 다소 낯선 개념인 '카풀(Carpool)'도 여행자가 알아두면 유용한 정보다. 우리나라에서는 거의 찾아보기 힘든 개념이지만, 유럽에서는 무척 보편적인 시스템이다. 내 주변의 꽤 많은 유럽 친구들도 이 카풀을 활용해 여행을 떠나곤 했다.

카풀은 쉽게 말해 자동차를 활용한 픽업서비스 쯤으로 생각하면 된다. 예를 들어 자동차를 소유하고 있는 사람이 베를린에서 뮌헨으로 이동한다고 가정하자. 이럴 때 차주는 연료를 절감하기 위해 온라인 카풀 사이트에 베를린에서 뮌헨으로 이동하는 날짜와 시간을 공지한다. 그러면 카풀을 이용해 같은 날짜와 시간에 베를린에서 뮌헨으로 이동하고자 하는 이들이 글을 게시한 차주에게 전화해 예약하게 된다.

카풀은 탑승자 수에 비례해 요금이 저렴해지니 자동차를 이동 수단으로 고려하는 여행자들에게 꽤 유용하다. 해당 사이트에서는 차주의 신상 정보 등을 공지하여 범죄 우려를 일정 부분 해소하고 있다.

카풀 이용 사이트
- 블라블라카 Blablacar www.blablacar.com
- 카풀링 Carpooling www.carpooling.it
- 카풀월드 Carpoolworld www.carpoolworld.com

호스텔을 선호하는 이유

사실 초보 여행자 시절에는 숙소를 예약하지 않고 무작정 떠났다. 그런데 현지에 도착해 숙소를 알아보는 과정에서 무척 어려움을 겪었다. '잘 만하다'하는 저렴한 숙소는 이미 예약자들로 가득 찼고, 그렇지 않은 곳은 값이 무척 비싸거나 바가지 요금을 씌우는 곳이 많았기 때문이다. 비싸다는 것 외에 참기 힘든 점은 또 있었다. 유럽은 어둑어둑한 밤이 되면 우리나라와는 달리 거리에 오가는 사람도 없어 다소 위험하고, 그 시간까지 무거운 배낭이나 캐리어를 맡길 곳이 없어 온종일 등에 메거나 끌고 다녀야 했다. 숙소는 단순히 잠만 자는 곳이 아니다. 체크인을 하지 않았더라도 숙소 이용객들은 기본적으로 짐 보관 서비스를 이용할 수 있다.

　내가 가장 잦은 횟수로, 또 편리하게 이용한 숙소는 바로 호스텔이나 게스트하우스였다. 눈치 챘겠지만 호스텔과 게스트하우스는 숙소 중에서 가장 저렴하게 이용할 수 있다는 점 때문이었다. 호스텔은 적게는 2명~6명에서 많게는 30명 이상 수용할 수 있는 공동 침실에 투숙하며 샤워실, 주방 등을 공동으로 사용한다. 게스트하우스 역시 단독·연립·다세대주택이나 아파트의 빈방을 활용해 여행자들이 저렴하게 숙소를 이용한다. 호스텔과 게스트하우스는 1박 숙박비가 1인당 10~30€ 수준이다. 한화로 1만5000~4만5000원 정도. 시기와 소재지에 따라 가격이 다르지만 호텔 등 다른 숙박지에 비하면 무척 저렴한 편이다. 특히 여행자가 많은 유럽 각국의 관광지나 도심지에는 한 집 건너 한 집이 호스텔이라 업소간 경쟁으로 1박에 7~8€에 이용할 수 있는 경우도 있다.

　호스텔 역시 가격 비교 사이트를 통해 위치, 숙소 정보, 후기, 가격 등을 한눈에 볼 수 있다. 여행할 도시와 날짜를 설정해 다양한 조건을 비교해 자신에게 맞는 최적의 호스텔·게스트하우스를 찾아보자. 한 방에 머무르는 인원이 많을수록 저렴하고, 혼성으로 이용할 때 더 저렴해진다.

　호스텔 이용에 따른 나이 제한은 거의 없는 편이다. '호스텔'이라는 이름 때문에 청소년을 위한 숙박 업소라고 착각하는 경우도 있지만, 보통 유럽의 호스텔은 다양한 연령층이 머무른다. 저렴한 가격은 기본이고, 전 세계 다양한 국가와 인종, 연령대의 사람들을 만날 수 있기에 나는 호스텔을 가장 선호한다. 실제로 내가 여행하며 사귄 친구들은 거의 호스텔에서 만났다. 낮에는 여행하고, 밤에 호스텔에서 만난 이들과 파티에 참석하거나 맥주 한 잔하며 담소를 나누기도 했다.

단순히 영어를 잘하지 못하는 게 두려워 그동안 한인민박만 이용했다면, 용기를 내서 호스텔에 묵어보는 것도 좋겠다. 분명히 얘기하지만 영어를 잘해야만 소통할 수 있다는 고지식함은 던져두자. 호스텔에는 영어가 모국어인 영국, 미국, 캐나다, 호주 등에서 여행 온 이들도 있지만 그렇지 않은 남미, 아시아, 중동, 유럽에서 온 여행자들도 많다. 죄다 엉터리 문법으로 대화해도 마음이 잘 통하는 친구를 만들 수 있다.

호스텔·게스트하우스 가격 비교 사이트

- 호스텔월드 Hostelworld www.hostelworld.com
- 호스텔스닷컴 Hostels.com www.hostels.com
- 호스텔부커스 Hostelbookers www.hostelbookers.com

한인민박 가격 비교 사이트

따뜻한 쌀밥과 김치, 얼큰한 찌개가 그립다면, 한인민박도 고려해볼 만하다. 주로 호스텔을 이용하는 나도 여행 중간중간 따뜻한 인정과 한식이 그리울 때 한인민박을 찾곤 했다. 한국인들끼리 여행지에 대한 정보를 쉽게 공유하고, 민박집 사장님들로부터 마을 명소나 맛집 등을 추천받을 수도 있는 것도 장점!

- 민박다나와 www.minbakdanawa.com
- 민박집으로 www.minbakzibro.com

호텔이 저렴할 때도 있다

하루쯤 호텔에서 묵는 밤도 꽤 그럴 듯하다. 고층 호텔에서 바라보는 유럽 야경도 꽤 낭만적이다. 특히 호텔은 '진짜 유럽식'으로 꾸며진 세련된 공간을 사용할 수 있다는 게 매력. 자금 사정이 넉넉지 않은 오페어가 호텔을 이용하기는 다소 부담스러울 수 있지만, 호텔이 호스텔보다 경제적으로 더 합리적일 때도 있다. 바로 친구와 함께 여행을 할 때이다.

사람 수에 따라 숙박 요금을 부담해야 하는 호스텔·게스트하우스·한인민박과는 달리 호텔은 숙박 일수에 따라 가격이 책정된다. 따라서 숙박 이용객이 두 사람 이상일 경우 생각보다 저렴한 금액에 이용할 수 있다. 이용객이 세 사람 이상일 경우 침대 추가에 따라 요금을 부과하기도 하지만, 그다지 부담되는 수준은 아닐 터. 호텔 숙박 요금은 등급에 따라 천차만별이지만, 적게는 60€ 정도에 이용할 수 있는 곳도 있다.

호텔 역시 가격 비교 사이트를 이용해 저렴하면서 시설·서비스가 좋은 호텔을 고를 수 있다. 호텔은 현장 결제보다 인터넷 결제를 하는 것이 훨씬 저렴하다.

호텔 가격 비교 사이트
- 부킹닷컴 Booking.com   www.booking.com
- 호텔스닷컴 Hotels.com   www.hotels.com
- 익스피디아 Expedia   www.expedia.com

| 요즘 뜨는
| 카우치서핑·
| 에어비앤비

최근 여행자들 입에 가장 많이 오르내리는 단어가 '카우치서핑'과 '에어비앤비'가 아닐까 싶다. 이 두 단어를 광범위하게 풀이하면, 현지인의 집에 찾아가 일정 금액의 돈을 주거나 혹은 돈 한 푼 내지 않고 하룻밤 묵는 것을 말한다. 호스트인 현지인이 여행이나 출장 온 게스트에게 주거 공간 일부를 내어주는 점에서 이 둘은 비슷한 성격을 띠지만, 호스트와 함께 묵는지, 혹은 숙박료 지급 여부 등에서 약간의 차이가 있다.

먼저 '카우치서핑'은 말 그대로 '소파'를 뜻하는 영어 '카우치(Couch)'와 '찾아다님'을 뜻하는 '서핑(Surfing)'의 합성어다. 평소 여행이나 문화 교류 등에 관심이 많은 호스트가 게스트를 자신의 집으로 초대해 함께 식사하거나 담소를 나누는 등 문화·정보를 교류한다. 이때 게스트로부터 별도의 숙박료를 받지는 않는다. 대신 추후 게스트가 사는 지역에 방문했을 때 게스트의 집에서 머무르는 등 숙소를 교류하는 것으로 대신하기도 한다. 참고로 카우치서핑 게스트는 별도의 숙박료를 지급하지 않는 대신, 저녁 식사를 준비하거나 술·다과 등을 구매해 호스트와 함께 나눠 먹기도 한다.

이와 달리 에어비앤비는 호스트인 현지인의 집을 통째로 렌트하는 개념으로 이해하면 된다. 그러니 게스트는 호스트의 주거 공간에 머무를 때 일정 금액을 지급해야 한다. 대부분 집 주인이 다른 지역이나 해외로 출장 또는 여행을 가게 되어 집이 비어있는 동안 여행자들이 이용하는 경우가 많다. 특히, 미국에 본사를 둔 에어비앤비가 지난 2013년 1월 우리나라에 진출하면서 국내 여행자들의 관심을 끌고 있다. 에어비앤비를 이용할 때 가장 중요한 것은 호스트와 게스트 간의 신뢰다. 호스트는 게스트를 믿고 집을 내어주어야 하고, 게스트는 호스트의 물건이나 공간을 조심스럽게 다루고 청결하게 사용해야 한다. 짧게는 하루 이틀에서 길게는 한 달 단위로도 이용할 수 있다. 숙박료는 호스텔보다는 비싸고, 호텔보다 저렴한 수준이다. 참고로 간혹 '비앤비'와 개념이 혼동되는 경우도 있는데, 비앤비는 침대를 뜻하는 '베드(Bed)'와 아침을 뜻하는 '브랙퍼스트(Breakfast)'의 앞글자를 따 만들어진 용어로, 침대와 소식을 제공하는 현지식 민박이라고 생각하면 된다.

숙소 교류 · 렌트 정보

- 에어비앤비 Airbnb www.airbnb.co.kr
- 카우치서핑 Couchsurfing www.couchsurfing.com

Special 01

이것만은 꼭 해보자!
유럽 여행 버킷리스트

스위스 횡단 열차 타기

마을과 마을을 잇는 평범한 기차라도, 가는 곳마다 빼어난 아름다움을 뽐내는 스위스! 나처럼 유레일 패스를 들고 갔다면 '골든 패스 라인(Golden pass line)' 열차에 탑승해보자. 빼어난 대자연 속을 빠르게 달리는 기차를 타보면 '꿈속에서만 보던 곳이 존재하는구나!' 하며 감탄사를 연발하게 될 것이다.

독일 베를린에서 밤 문화 즐기기

오후 6시만 되면 모든 상점이 문을 닫고, 10시에는 술집까지도 하루를 마감하는 독일의 모습을 생각했다면 오산! 크고 작은 펍과 클럽이 빼곡한 베를린은 20~30대 청년이 즐기기에 딱 좋은 환상적인 밤 문화를 선사한다. 베를린 장벽 주변에도 작지만 흥겨운 펍이 많으니 참고하길.

프랑스 관광지 공짜로 입장하기

EU 국가에서 거주하는 오페어는 자국민과 마찬가지로 프랑스 파리 내 주요 관광지를 무료로 관람할 수 있다. 주요 명소에 입장하는 비용만 해도 만만치 않은데, 이를 절약할 수 있는 것은 무척 큰 혜택. 그동안 가보고 싶었던 프랑스 관광지를 마음 놓고 방문하자.

영국 영화 주인공 되어보기

수많은 영화 속 배경이 된 영국은 그만큼 충분한 매력을 품고 있다. 골목길 사이사이 낭만이 가득하고, 센스 만점 패션 피플은 그 거리를 활보한다. 따뜻한 햇볕을 사랑하는 영국인들은 가던 길을 멈추고 잔디밭에서 낮잠을 청하거나 도시락을 먹는다. 잠시나마 이 풍경으로 들어가 영화 속 주인공이 되어보는 건 어떨지.

룩셈부르크에서 사진 찍기

룩셈부르크는 어느 곳에서나 사진의 배경이 될 만한 훌륭한 경치를 뽐낸다. 리프트를 타고 룩셈부르크 성에 오르면 룩셈부르크 시내를 한눈에 바라볼 수 있는데, 성곽을 따라 옹기종기 모인 마을을 보는 뷰가 환상적이다. 포토 스폿으로 가장 추천할 만한 곳은 바로 '아돌프 다리' 앞이다.

이탈리아 바닷길 산책

전 세계에서 몰려든 관광객들로 인산인해를 이루는 피렌체와 로마를 벗어나면, 더 환상적인 이탈리아를 만날 수 있다. '죽기 전에 꼭 가야 할 여행지'로 꼽힌 친퀘테레(Cinque Terre)와 '세상에서 가장 아름다운 해안'으로 알려진 아말피(Amalfi) 해안이 그렇다. 특히 해안가 옆 절벽에 심어놓은 레몬나무를 따라 걷는 일은 무척 낭만적이다.

체코 길거리 음식 맛보기

체코에 입성하는 순간, 저렴한 물가에 한 번 놀라고 다양한 먹을거리에 두 번 놀랄 것이다. 훌륭한 문화유산과 멋진 자연경관은 물론, 저렴하면서도 맛깔스러운 음식까지, 체코는 '여행자의 천국'이라 해도 과언이 아니다. 체코의 길거리 음식 문화는 '먹방 명소'로 유명한 우리나라의 전주 한옥마을이나 서울의 노량진 일대 등을 떠오르게 한다.

네덜란드 홍등가 엿보기

매춘과 마약이 합법인 네덜란드를 여행하는 일은 무척 낯설고도 불안하다. 특히 네덜란드 암스테르담의 홍등가와 마약 거리, 동성애 클럽은 '이래도 되나?' 싶을 정도로 광란의 분위기를 표출한다. '경험이 곧 자산'이라는 믿음을 가진 젊은 여행자들이라면 한 번쯤 가 보는 것도 추천.

슬로바키아 브라티슬라바 성에 올라 야경 보기

브라티슬라바 성에서 보는 야경은 화려하고 눈부시지는 않지만, 고요하고 편안해서 더 설렌다. 슬로바키아의 수도 브라티슬라바는 제2차 세계대전 이후 도시화가 가속화된 탓에 일부 현대적인 모습이 있지만 여전히 낯선 풍경이 남아 독특하고 매력적이다.

오스트리아에서 오케스트라 관람하기

한 회에 100€를 훌쩍 넘기는 오케스트라 공연 관람이 부담스러운 오페어라도 문제없다. 오케스트라 공연장에는 3~4€ 정도의 스탠딩석이 마련되어 있어 저렴한 가격에 품격 있는 문화를 누릴 수 있다. 우연히 찾은 공연장에서 인기 오케스트라 '리골레토(Rigoletto)'를 관람했는데, 말로 표현할 수 없는 감동을 받았다.

Special 02

이것만은 꼭 먹어보자!
유럽 여행 최고의 맛

독일 학세와 소시지, 그리고 맥주

독일식 족발인 '학세(Haxe)'와 '소시지(Wurst)'는 독일 대표의 먹을거리. 특히 지역별로 학세와 소시지를 먹는 방식이 달라 재미있다. 내가 살던 프랑크푸르트에서는 각종 허브를 첨가해 만든 '그뤼네 소스(Grüne Soße)'와 독일식 양배추 절임 '자우어크라우트(Sauerkraut)'를 함께 곁들여 먹었다. 여기에 맛, 향, 종류가 천차만별인 독일 맥주까지 있다면 금상첨화.

이탈리아 젤라토

오드리 헵번이 영화 〈로마의 휴일〉에서 젤라토를 맛있게 먹는 것은 진짜 연기만은 아니었으리라. 먹어보지 않은 사람은 있어도 한 번 먹은 사람은 없다는 젤라토! 로마의 거리를 걷다 보면 길게 늘어선 줄 때문에 단번에 알아차릴 수 있는 '입소문 난 집'에서 젤라토를 맛보길 권한다.

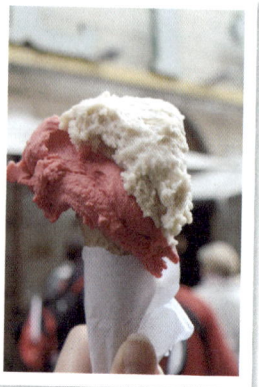

이탈리아 파스타와 피자

이탈리아 친구에게 "한국 대표 음식은 김치와 불고기!"라고 말하니, 슬쩍 웃어 보이며 "말하시 잃아도 알잖아? 이탈리아는 파스타와 피자!"하고 답한다. 이미 세계인의 음식이 되어버린 파스타와 피자를 먹어보지 않은 사람은 없겠지만, 이렇게 묻고 싶다. 오롯이 달걀과 베이컨만 들어간 진짜 카르보나라를 맛보았느냐고. 갓 구워낸 따뜻한 피자를 무게에 따라 돈을 지불하고 그 자리에 서서 맛보았느냐고.

벨기에 와플과 초콜릿

벨기에 시내는 초콜릿과 와플의 달콤함으로 가득하다. 맛도 훌륭하고 종류도 다양한 벨기에 초콜릿! 견과류나 젤리, 과일 등 다양한 토핑을 얹어 한층 더 풍성한 초콜릿과 와플을 즐겨보자.

스코틀랜드 위스키

우리에게 익숙한 '스카치 위스키'는 스코틀랜드에서만 생산되는 위스키를 뜻한다. 대개 'whisky'나 'whiskey' 등으로 표기하지만, 전통 스카치 위스키는 스펠링 'e'를 넣지 않고 'whisky'로만 표기한다고. 제조 방식이나 생산 연도, 크기 등을 비롯해 다양한 조건에 따라 가격이 책정된다. 직접 맛보는 것도 좋지만 선물용으로 구매하는 경우도 많다.

영국 피시 앤 칩스

영국의 대표 음식인 피시 앤 칩스(Fish and Chips)는 대구나 해덕(haddock) 등의 살이 두툼한 생선을 튀겨낸 후 후렌치후라이를 곁들여 먹는 음식이다. 대개 레몬즙이나 후추 등을 뿌려 먹는데, 스코틀랜드 지역에서는 브라운 소스와 식초, 물을 섞어 만든 '치피(Chippy)'에 찍어 먹기도 한다.

네덜란드 치즈

네덜란드 알크마르의 치즈 시장에 가면 치즈의 고린내로 정신이 없다. 그러다 치즈 상인이 내민 치즈 한 조각을 입에 넣게 되면, 그 맛에 절로 눈이 휘둥그레질 것이다. 이제 '치즈 하면 스위스'라는 공식을 깨도 좋다. 맛을 보고 나면 네덜란드산 치즈를 뜻하는 'Holland Cheese'의 명성도 그에 못지않다는 것을 인정하게 될 터이니.

체코 · 슬로바키아
크네들로와 굴라쉬

체코와 슬로바키아식 돼지고기 통바비큐 '꼴레뇨(Koleno)'만큼 여행자들이 엄지를 세우는 전통 음식이 있다. 바로 '크네들로 베프로 젤로(Knedlo-vepro-zelo)'와 '굴라쉬(Goulash)'이다. 크네들로 베프로 젤로는 체코 · 슬로바키아식 빵과 특제 소스를 곁들인 돼지고기 스테이크다. 음식점마다 소스의 맛이 달라, 같은 스테이크라도 전혀 다른 맛이 난다. 특히 소금물에 삶아낸 체코 · 슬로바키아식 빵은 식감이 무척 부드러운 데다가 든든한 포만감을 주니 배고픈 여행자들에게 제격이다.

한편 굴라쉬는 동유럽 국가에서 즐겨 먹는 따뜻한 수프라고 생각하면 된다. 거의 모든 레스토랑에 준비되어 있으니, 따뜻한 굴라쉬 한 그릇으로 여행에 필요한 기운을 보충하는 것도 좋겠다.

Special 03

이것만은 꼭 사자!
유럽 여행 쇼핑리스트

이탈리아 파스타 면

이탈리아 파스타를 현지에서만 맛보기엔 아쉽지 않은가. 파스타 소스나 조리법까지 그대로 재현하기는 어렵지만, 우리나라에서는 찾아볼 수 없는 다양한 종류의 파스타 면을 사올 수 있다. 파스타 면은 그 종류만 수십 가지, 모양에 따라 식감이나 조리법도 제각각이다.

이탈리아 리몬첼로

새콤달콤한 맛이 일품인 리몬첼로(Limoncello). 리몬첼로는 이탈리아의 레몬 리큐어로, 주로 이탈리아 남부지방에서 생산된다. 특히 나폴리만 인근과 소렌토 반도, 아말피해안 등에서 많이 난다. 리몬첼로 외에도 레몬사탕이나 레몬차, 레몬아이스크림 등 레몬을 원료로 한 특산품이 많다.

이탈리아 가죽 제품

양 옆으로 길게 늘어선 가죽 판매상과 관광객들로 문전성시를 이루는 피렌체 가죽시장. 그러나 너무 저렴한 가격에 혹해 이탈리아산이 아닌 중국산을 구매하는 우를 범하지는 말 것. 가급적 시장 초입에 늘어선 노점상보다는 시장 안쪽의 가죽공예점에서 구매하는 것이 좋다.

프랑스 마카롱

프랑스하면 떠오르는 것이 부드러운 빵과 달콤한 디저트! 특히 마카롱은 많은 여성들의 사랑을 차지하는 디저트 중 하나다. 선물용으로 포장된 제품들이 워낙 많아 선택의 범위가 넓다.

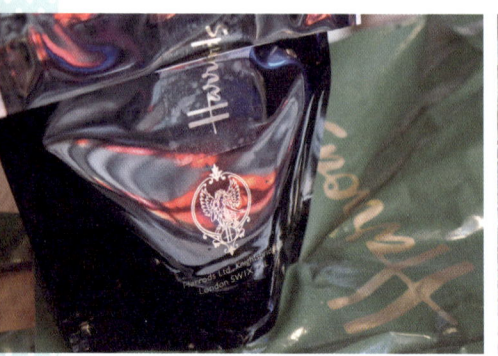 

영국 홍차와 다기

영국의 차 문화는 이미 모든 이들이 잘 알고 있을 터. 특히 '잉글리시 브랙퍼스트(English Breakfast)'는 영국에서 꼭 한 번 맛봐야 할 차로 꼽힌다. 영국 홍차를 구매할 때는 관광객을 노린 예쁜 케이스의 '말레이시아산'이 아닌 진짜 '영국산'을 찾는 게 관건. 나는 런던의 해롯백화점에서 신선한 영국산 차를 봉투에 담아 무게를 단 후 가격을 책정받아 구매했다.

오스트리아 모차르트쿠겔 초콜릿

초콜릿 포장지에 모차르트 얼굴이 그려진 구 모양의 초콜릿을 '모차르트쿠겔(Mozartkugel)'이라고 부른다. 공항 면세점에서도 구매할 수 있지만, 모차르트 생가가 있는 잘츠부르크에서 구매하는 것이 더 저렴하고 종류도 다양하다. 초콜릿 코팅 안에 부드러운 초콜릿 크림이 가득 차있다.

오스트리아 할슈타트 맥주

우리나라에도 지역별로 다양한 막걸리나 소주 등이 생산되는 것처럼, 유럽에서도 지역에 따라 다양한 주류가 생산되고 있다. 특히 독특하고 개성 넘치는 맥주병을 볼 때면 개수에 상관없이 모두 집으로 가져가고 싶은 마음이 솟구친다. 해당 지역에서만 찾아볼 수 있는 다양한 맥주를 구매하는 것도 쇼핑의 재미!

영국 책방 원서

해외여행 기념품을 고민하는 이에게 간혹 책방에 가보기를 추천한다. 좋아하는 소설이나 영화의 원작을 구매하는 것도 좋고, 국내에 판매하지 않는 책을 구하는 재미도 쏠쏠하다. 선물하는 이의 취향을 고려해 요리, 인테리어, 만화 등 분야에 맞는 원서를 구매해보는 것은 어떨까?

Special 04

재미로 꼽은
유럽 여행자 10가지 유형

유럽 여행길에 만난 사람들은 여행지의 다양한 풍경만큼이나 다양한 개성을 가지고 있었다. 거리에서, 숙소에서, 펍 등에서 만난 여행자들의 유형을 내 맘대로 분석해보았다. 언젠가 당신의 유럽 여행길에도 비슷한 유형의 여행자를 만나게 될 수 있으니, 온전히 재미로 읽고, 가볍게 넘겨주길!

1. 사진작가 유형
눈에 담아봤자 어느새 잊어버리고 남는 건 사진 뿐! 길가의 휴지통부터, 대형마트 간판, 신호등의 불빛마저 사진으로 남기겠다는 굳은 의지를 불태운다.

2. SNS 관리자 유형
'#피렌체에서 즐긴 #티본스테이크와 #와인', '한적한 #오스트리아 #카페 #비엔나커피', '#루브르박물관에서 본 #모나리자의 감동에 젖은 오늘!' 여행의 모든 순간이 해시태그로 채워지는 SNS 관리자 유형. 길을 걸으면서 업로드, 음식을 먹으면서 업로드, 기차 안에서 업로드!

3. 민박집 직원 유형
민박집에서 식사를 준비하고, 침구를 정리하던 사람이 갑자기 짐을 싸기에 의아했는데, 알고 보니 무려 3주가 넘는 여행 기간 내내 그곳에 묵으며 민박집 주인과 친구 같은 사이가 되어 바쁜 일을 도와준 것이란다. 여행하다 보면 이 같은 장기 투숙객을 생각보다 꽤 많이 만나게 된다.

4. 요리연구가 유형
이들이 여행하는 이유는 바로 '먹방'을 위해서다. 맛집이라는 맛집은 무조건 들러야 하고, 남이 먹은 음식은 당연히 먹어봐야 하고, 배고프지 않아도 먹어야 한다. 급기야 국가별·지역별 음식 특징까지 정리하기에 이르니, 유명 요리연구가도 울고 갈 지경!

5. 쇼퍼홀릭 유형

한국에 없는 '신상'을 찾아 나선 탐험가들이다. 관광지나 명소 등을 둘러볼 때 시큰둥하다가 쇼핑센터만 나타나면 눈이 반짝반짝! 급기야 우리나라에서 꽤 비싼 브랜드가 파격 세일이라도 하면, 몇 시간이고 쇼핑에 집중한다. 이들은 싸게 사서 비행기 값 뽑았다며 주구장창 자랑하지만, 손에 든 묵직한 쇼핑백을 보면 과연 그런 것일까 의문이….

6. 김종욱 찾기 유형

사랑 찾으러 여행 왔나 싶을 정도로 이성에 집착하는 유형. 절실함 때문인지 작은 공통점이 운명적 만남이 되어 '금사빠(금방 사랑에 빠지는 사람)'가 되고 만다. 이들은 운명의 끈을 기필코 잡으리라는 굳은 결신으로 오늘도 인연을 만나러 떠난다.

7. 거머리 유형

말로는 혼자만의 시간을 갖기 위해 나 홀로 여행을 떠나왔다고 하면서, 현지에서 동행을 찾지 못해 안달인 유형. 비행기만 혼자 탔지, 숙소에서 만난 여행자들에게 내내 함께 다니자고 하거나, 온라인 여행 커뮤니티에서 '동행 구함'을 외치는 이들. 파트너가 된 입장에서 잠시 말벗이 되어주니 좋다만, 좀처럼 떨어지려 하질 않네!

8. '한국인 아니에요' 유형

거머리 유형과는 완전히 반대의 유형. 한국인만 보면 눈부터 피해버리고 외면해 버린다. '외국에 왔으면 외국인이랑만 지낼 거야'하는 마음을 이해하지만 부디 국적은 속이지 맙시다!

9. 보헤미안 유형

이런 사람들이야말로 진짜 여행자가 아닐까. 목적지도, 계획도, 사전 정보도 없는 보헤미안 유형은 자신이 내키는 날에 떠나고, 내키는 곳에서 잠을 자고, 내키는 곳을 여행한다.

10. 달팽이 유형

등에 집을 이고 다니는 달팽이처럼, 사소한 물건 하나부터 큰 물건까지 모두 들고 다니는 여행자. 이민자들에게나 필요할 법한 캐리어를 끙끙 대며 끌고 다니는 여행자의 일정이 고작 6박 7일이었다는 것을 알고 깜짝 놀란 기억이 있다. 대개 이런 경우는 짐 때문에 일찍 지쳐버리고 마니 가급적 자제하기를.

Special 05
알아두면 유용한
유럽 국가별 주요 공항

독일
- 함부르크 공항
- 브레멘 공항
- 하노버 공항
- 뒤셀도르프 국제공항
- 베를린 국제공항
- 쾰른 본 공항
- 프랑크푸르트 국제공항
- 뮌헨 국제공항
- 아우구스부르크 공항

스위스
- 취리히 국제공항
- 제네바 국제공항

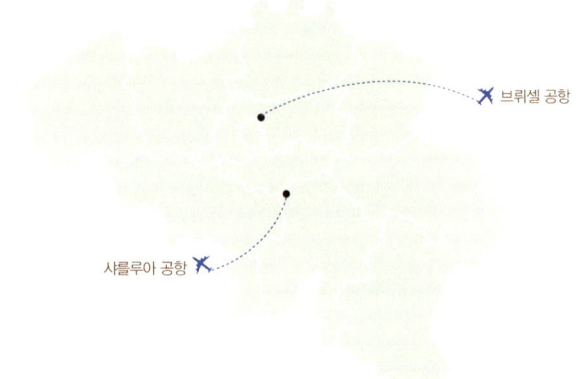

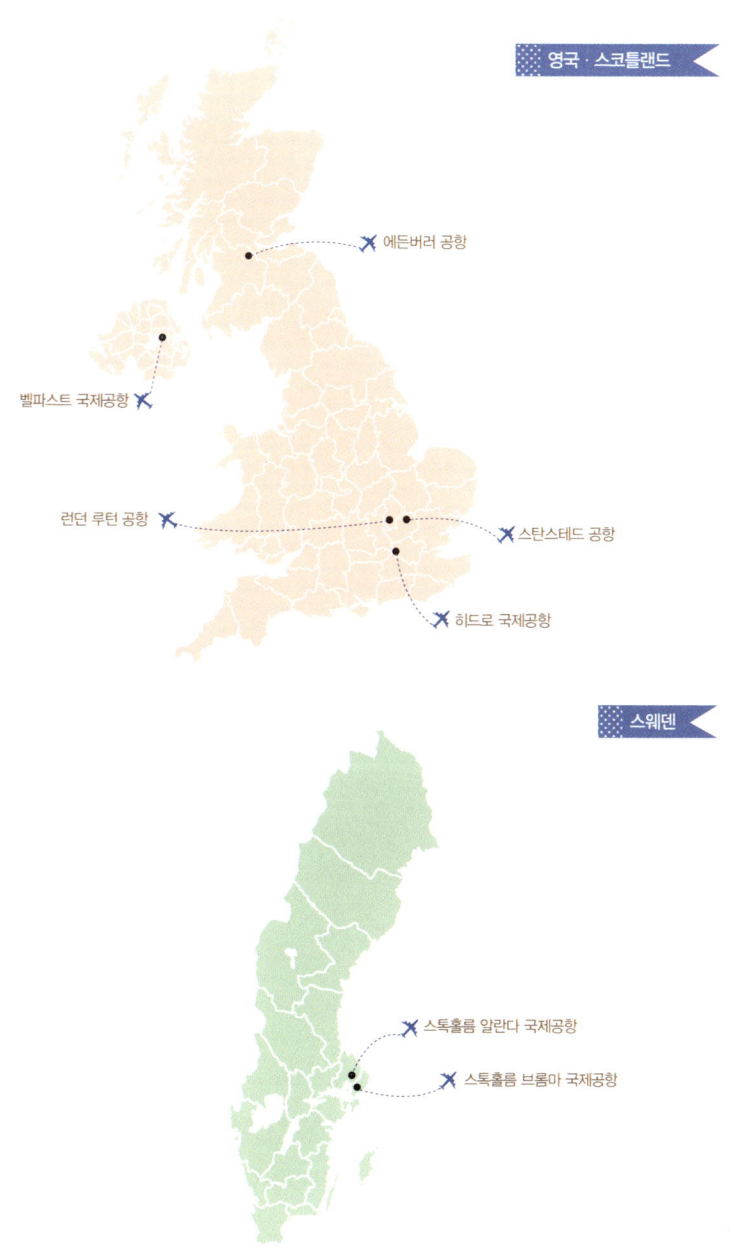

스페인

- 바르셀로나 국제공항
- 이비사 공항
- 세비야 공항
- 말라가 공항

포르투칼

- 포르투 공항
- 리스본 포르텔라 국제공항

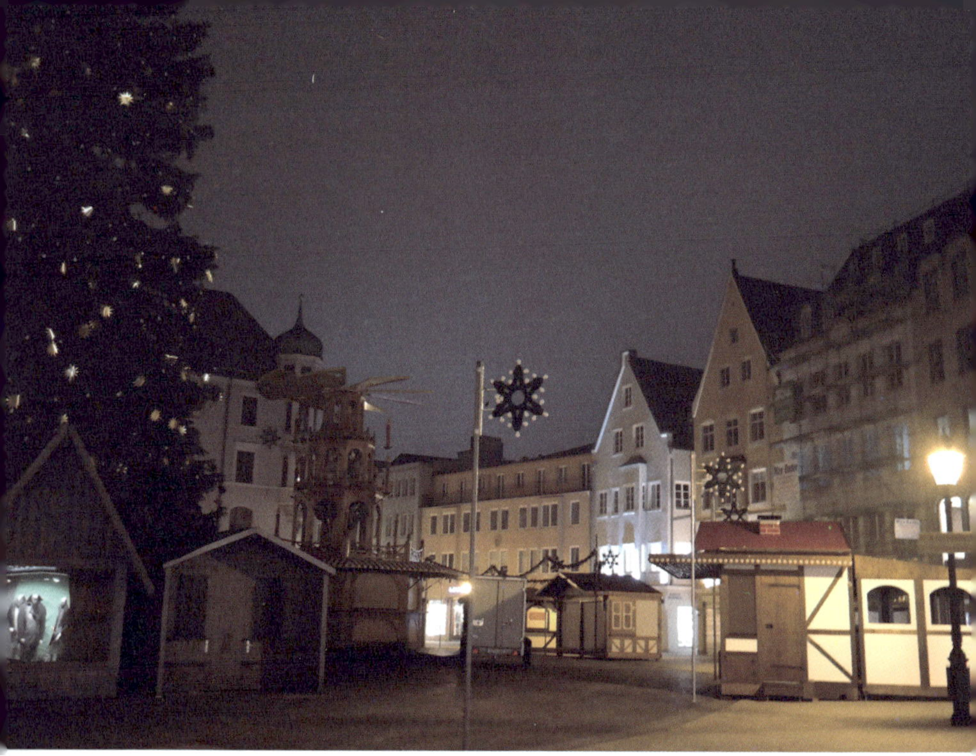

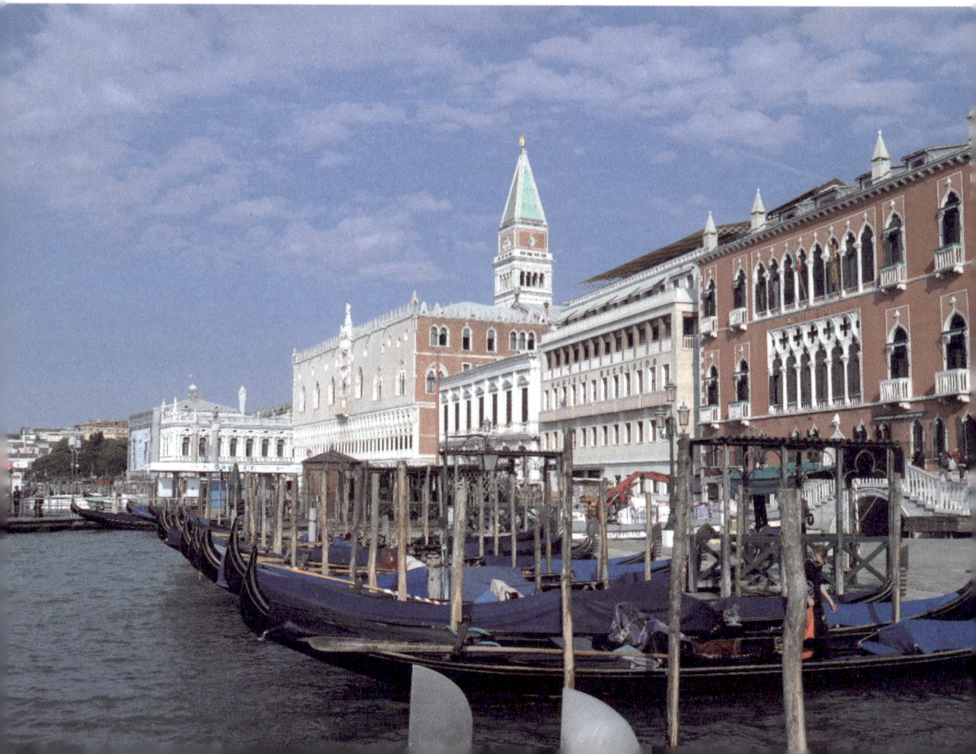

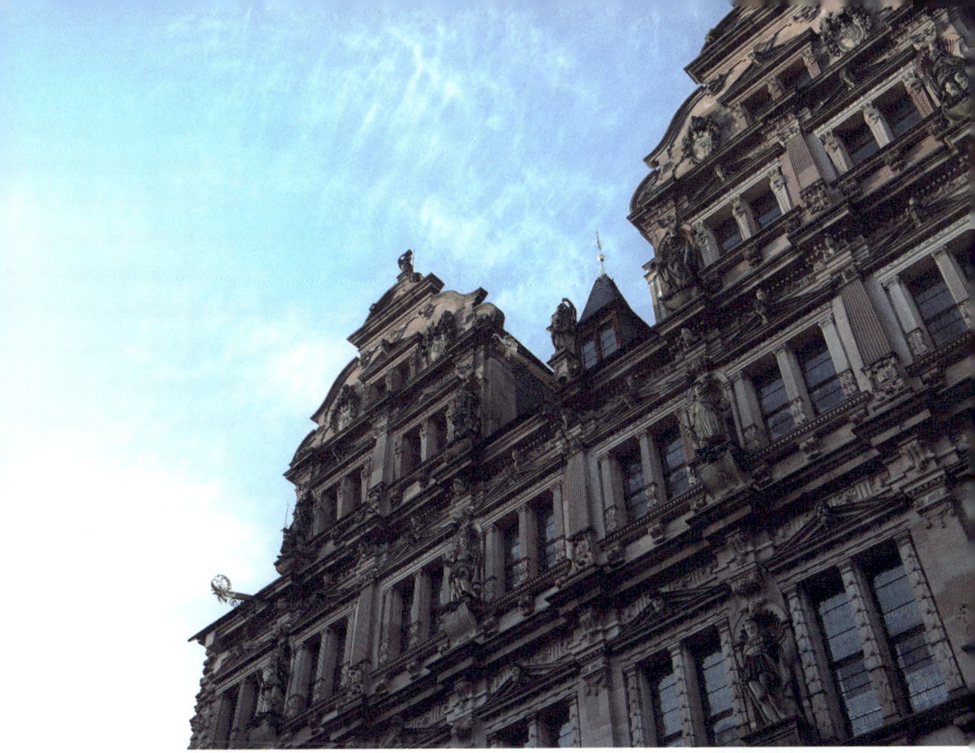

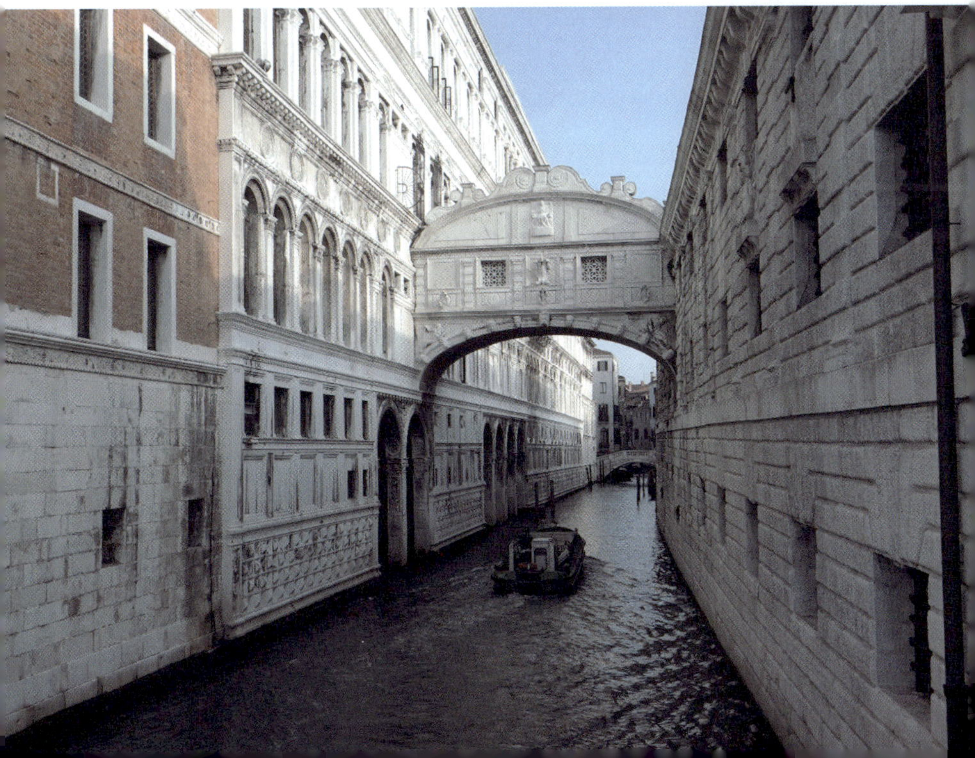

epiloque

... 그럼에도,
오페어를 추천하는 이유

　　주변인 그 누구도 경험하지 않은 '오페어'라는 새로운 길을 선택하는 데, 나 역시 불안감이 없었던 것은 아니다. 세상을 모두 안다고 하기엔 여전히 부족한, 그래서 앞으로 성공보다 실패할 일이 더 많은 20대가 아니던가. 주변에 거의 알리지 않고 송별회 따위 없이 조용히 한국을 뜬 것도 바로 이런 이유에서였다. 독일행 항공기에 탑승하기 전까지도 갑작스레 호스트 가족과 연락이 끊기는 것은 아닐까, 호스트 가족과 불화가 생기지는 않을까, 독일에서 사고를 당하지는 않을까, 아무 것도 확신할 수 없었다. 심지어 한국에 있는 가족들에게 "며칠 뒤에 돌아올지 모르겠다"고 말해둔 것을 보면 언제든 다시 한국으로 돌아올 가능성, 곧 실패 가능성을 염두에 두고 있었던 것 같다.

　　실제로 오페어의 삶은 그리 호락호락하지 않았다. 무엇보다 주변에 오페어를 경험한 사례가 없어 갑작스러운 상황에 당황하기 십상이었고, 아무 탈 없이 흘러가는 일상 속에서도 '나는 잘하고 있는 걸까'를 끊임없이 묻게 되었다. 더불어 오페어에게도 갖춰야 할 덕목이 있다는 것을, 현지에서 하루하루 지내며 깨닫게 되었다. 아무리 좋은 호스트 가족을 만나더라도 '진짜 가족'이 될 수 없다는 것을, 그래서 내 집에서 지내듯 마냥 편할 수만은 없다는 것을 절절히 깨달았다. 일이 뜻대로 풀리지 않을 때 투정을 부릴 곳도 없고, 몸이 아프다고 내가 할 일을 누가 대신해줄 수도 없는 노릇이었다. 진짜 내 방처럼 어수선한 상태로 외출할 수도 없었고, 욕실을 사용한 후 떨어진 머리카락 한 올까지도 반드시 처리(!)하는 게 당연했다. 절약 정신과 규칙에 철저하다는 독일인들의 생활 습관이 몸에 배기까지는 꽤 오랜 시간이 걸렸다.

    대부분의 오페어 매칭 기관에서는 호스트 가족과 오페어의 계약을 두고 '진짜 가족의 한 구성원이 되는 것'이라고 말한다. 실제로 타지 생활에서 혈혈단신 홀로 어려움을 헤쳐나가는 것보다야 호스트 가족이 옆에 있을 때 큰 도움이 된다. 하지만 함께 생활하는 모든 면에서 정말 가족처럼 나를 이해해줄 것이라는 환상을 갖는 것은 위험하다. 엄연히 '계약을 기반으로 하는 가족'이라는 것을 잊지 말아야 한다.

하지만 이런 현실을 충분히 고려하더라도, 나는 여전히 주변 사람들에게 오페어로 떠날 것을 적극 권장한다. 세상 모든 일에는 장·단점이 따르기 마련이고 그중에서 장점이 많은 일이 우선이라면, 오페어는 분명 해볼 만한 가치가 있다. 오페어의 신분으로 유럽 곳곳을 여행하고 세계 각국의 친구들을 만나면서, 평소 생각이 미치지 못했던 분야까지 살펴보는 계기가 되었다. 다양한 세계의 언어, 종교, 역사, 문화, 사회 문제 등에 대해 관심을 두게 되었고, 타인과 대화하며 생각을 정리할 기회도 가지게 되었다. 좋은 호스트 가족과 친절한 친구들 덕분에 언어가 통하지 않아도 속 깊은 마음을 나눌 수 있다는 사실도 깨달았다.

더불어 지난 오페어 생활이 단순히 독일에서 끝난 게 아니라는 사실이 참 뜻깊다. 귀국한 지 얼마 되지 않아 부모님과 남산 서울타워 주변을 산책하다가 한 스위스 가족을 만났다. 자연스레 귓가에 들리는 독일어가 반가워 "좋은 주말을 보내라"는 독일식 인사를 건넸는데, 독일어가 반가웠던 두 부부와 아이들이 이런저런 질문을 쏟아내기 시작했다. 그러면서 일주일에 한 차례 정도 아이들에게 한국어를 가르쳐줄 수 있겠느냐고 제안했다. 지난 1년간 독일 오페어 경험이 있으니 자신의 아이를 안심하고 맡길 수 있고, 나 역시 아이들과 대화를 나누는 것이 독일어 공부에 도움이 되지 않겠느냐는 것이다. 덕분에 나는 요즘 일주일에 한 차례 스위스 아이들을 돌보며 독일어를 익히고 있다.

　더불어 매일 독일 뉴스를 보고, 프랑크푸르트 지역 라디오를 듣고 있다. 여행자의 신분이 그리울 땐 인터넷으로 값싼 항공편을 검색해 예매하고, 서점에 방문할 때는 종교 서적이나 세계사 코너를 기웃거린다. 한국에서의 삶이 전부였던 시야가 조금은 넓어진 셈이다. 떠나기 전 누군가의 충고처럼 1년간의 해외 생활이 나의 '스펙'을 업그레이드시켰는지는 솔직히 모르겠다. 하지만 분명히 말할 수 있는 것은 나는 달라졌고, 조금 더 행복해졌다는 사실이다. 나와 같은 고민을 안고 있는 많은 20대들에게 오페어가 행복한 삶을 위한 발판이 되기를 소망한다.

　끝으로 이 책이 세상에 나올 수 있도록 도와주신 RHK 여행출판팀 고현진 편집장님과 최혜진 책임 편집자에게 감사 인사를 전한다. 아울러 무뚝뚝한 딸·누나의 행복한 삶을 위해 용기를 주는 가족과 언제나 나를 응원해주는 분들에게 고마움을 전하고 싶다.
　Vielen Dank und Ich liebe euch!

양호연

au pair
오페어로 해외 1년 살아보기

초판 1쇄 2015년 12월 4일

지은이 양호연

발행인 양원석
편집장 고현진
책임편집 최혜진
표지 디자인 모리스
본문 디자인 RHK 디자인연구소 지현정, 이경민
해외저작권 황지현
제작 문태일
영업마케팅 이영인, 양근모, 김민수, 장현기, 정미진, 전연교, 이선미

펴낸 곳 ㈜알에이치코리아
주소 서울시 금천구 가산디지털2로 53, 20층 (가산동, 한라시그마밸리)
편집문의 02-6443-8892 **구입문의** 02-6443-8838
홈페이지 http://rhk.co.kr
등록 2004년 1월 15일 제2-3726호

ISBN 978-89-255-5795-3 (13980)

※ 이 책은 ㈜알에이치코리아가 저작권자와의 계약에 따라 발행한 것이므로
  본사의 서면 허락 없이는 어떠한 형태나 수단으로도 이 책의 내용을 이용하지 못합니다.
※ 잘못된 책은 구입하신 서점에서 바꾸어 드립니다.
※ 책값은 뒤표지에 있습니다.